Histoires Courtes en Hongrois

Apprendre l'Hongrois facilement en lisant des histoires courtes

Gedeon Nagy

Contenu

Introduction

Lire dans une langue étrangère est l'un des moyens les plus efficaces d'améliorer ses compétences linguistiques et d'enrichir son vocabulaire. Cependant, il est parfois difficile de trouver des supports de lecture attrayants, d'un niveau approprié, qui procurent un sentiment de réussite et de progrès. La plupart des livres et articles écrits pour des locuteurs natifs peuvent être trop longs et difficiles à comprendre ou contenir un vocabulaire de très haut niveau, de sorte que vous vous sentez dépassé et abandonnez. Si ces problèmes vous sont familiers, alors ce livre est pour vous !

Histoires Courtes en Hongrois est une collection de 25 histoires courtes non conventionnelles et divertissantes qui sont conçues pour aider les apprenants de niveau débutant à intermédiaire Hongrois à améliorer leurs compétences linguistiques.

Ces histoires courtes créent un environnement propice à la lecture en incluant ;

- Un contenu linguistique riche dans différents genres pour vous divertir et vous exposer à une variété de formes de mots.
- Des histoires plus courtes en chapitres pour vous donner la satisfaction de terminer des histoires et de progresser rapidement.
- Des textes écrits à votre niveau afin qu'ils soient plus facilement compréhensibles et ne vous dépassent pas.
- Traduction française sur des pages alternées afin que vous puissiez vous y référer directement ligne par ligne tout en lisant l'histoire Hongrois.
- Le vocabulaire clé est imprimé en gras tout au long

de l'histoire et de la traduction pour vous aider à comprendre plus facilement les mots qui ne vous sont pas familiers.

- Des questions de compréhension pour tester votre compréhension des événements clés et vous encourager à lire plus en détail.

Que vous souhaitiez enrichir votre vocabulaire, améliorer votre compréhension ou simplement lire pour le plaisir, ce livre est le plus grand pas en avant que vous ferez dans vos études cette année. Histoires Courtes en Hongrois vous apportera tout le soutien dont vous avez besoin, alors asseyez-vous, détendez-vous et laissez libre cours à votre imagination en vous laissant transporter dans un monde magique d'aventures, de mystères et d'intrigues - en Hongrois!

Comment utiliser ce livre

La lecture est un talent difficile à maîtriser. Nous utilisons toute une série de micro-compétences pour nous aider à lire dans notre langue maternelle. Par exemple, nous pouvons parcourir un passage pour en comprendre le sens, ou l'essentiel. Nous pouvons aussi passer au peigne fin les nombreuses pages d'un horaire de train à la recherche d'une heure ou d'un lieu précis. Si ces micro-compétences sont une seconde nature lorsque nous lisons dans notre langue maternelle, les recherches révèlent que nous en oublions souvent la plupart lorsque nous lisons dans une langue étrangère. Lorsque nous apprenons une langue étrangère, nous commençons généralement par le début d'un texte et le parcourons en essayant de comprendre chaque mot. Inévitablement, nous rencontrons des termes peu familiers ou complexes et nous sommes gênés par notre incapacité à les comprendre.

L'un des principaux avantages de la lecture dans une langue étrangère est que vous êtes exposé à un grand nombre de phrases et d'expressions utilisées dans des situations quotidiennes. La lecture extensive est un terme utilisé pour décrire la lecture pour le plaisir dans le but d'apprendre une langue. En d'autres termes, la lecture approfondie de manuels scolaires aide généralement à l'apprentissage des règles de grammaire et d'un vocabulaire particulier, mais la lecture extensive d'histoires aide à l'apprentissage du langage naturel.

Histoires Courtes en Hongrois vous donnera l'occasion d'en apprendre davantage sur la langue naturelle Hongrois en usage, même si vous avez peut-être commencé votre voyage d'apprentissage des langues

uniquement avec des manuels. Voici quelques conseils à garder à l'esprit lorsque vous lirez les histoires de ce livre pour en tirer le meilleur parti : Lorsqu'il s'agit de lire, le plaisir et le sentiment d'accomplissement sont essentiels. Vous en redemandez parce que vous aimez ce que vous lisez. Lire chaque histoire du début à la fin est la meilleure méthode pour prendre plaisir à lire des histoires et se sentir accompli. Par conséquent, la chose la plus cruciale est d'arriver à la fin d'une histoire. C'est en fait plus important que de connaître chaque mot.

Plus vous lisez, plus vous acquerrez de connaissances. Vous aurez rapidement une connaissance du fonctionnement de la Hongrois si vous lisez de gros livres pour le plaisir. Cependant, gardez à l'esprit que pour tirer tous les bénéfices d'une lecture extensive, vous devez d'abord lire un volume suffisamment important. Lire quelques pages ici et là peut vous apprendre quelques nouveaux mots, mais cela ne fera pas une différence significative dans votre niveau global de Hongrois.

Acceptez le fait que vous ne comprendrez pas tout ce que vous lisez dans un roman. C'est, sans aucun doute, le point le plus crucial ! N'oubliez jamais que le fait de ne pas comprendre tous les mots ou toutes les phrases est tout à fait acceptable. Cela ne signifie pas que vos compétences linguistiques sont insuffisantes ou que vos résultats sont médiocres. Cela indique que vous participez activement au processus d'apprentissage.

Guide de lecture

Afin de tirer le meilleur parti de la lecture d'Histoires Courtes en Hongrois, il est préférable que vous suiviez ce processus de lecture simple en six étapes pour chaque chapitre des histoires :

1. Lisez le titre du chapitre. Réfléchissez à ce que pourrait être le sujet de l'histoire. Puis lisez l'histoire jusqu'au bout. Votre objectif est simplement d'atteindre la fin de l'histoire. Par conséquent, ne vous arrêtez pas pour chercher des mots et ne vous inquiétez pas s'il y a des choses que vous ne comprenez pas. Essayez simplement de suivre l'intrigue.

2. Lorsque vous arrivez à la fin de l'histoire, parcourez la traduction française pour voir si vous avez compris ce qui s'est passé et reprenez tout contexte qui vous aurait échappé.

3. Revenez en arrière et relisez la même histoire. Si vous le souhaitez, vous pouvez vous concentrer davantage sur les détails de l'histoire qu'auparavant, mais sinon, lisez-la simplement une fois de plus.

4. Ensuite, répondez aux questions de compréhension en Hongrois pour vérifier votre compréhension des événements clés de l'histoire. Si vous ne comprenez pas entièrement les questions, ne vous inquiétez pas. Utilisez vos connaissances pour répondre du mieux que vous pouvez.

5. A ce stade, vous devriez avoir une certaine compréhension des principaux événements du chapitre. Si ce n'est pas le cas, vous pouvez relire le chapitre

plusieurs fois en utilisant la traduction pour vérifier les mots et les phrases inconnus jusqu'à ce que vous vous sentiez en confiance.

Une fois que vous êtes prêt et sûr d'avoir compris ce qui s'est passé - que ce soit après une ou plusieurs lectures de l'histoire - passez à l'histoire suivante et continuez à apprécier l'histoire à votre propre rythme, comme vous le feriez pour n'importe quel autre livre.

Ce n'est qu'une fois que vous avez terminé une histoire dans son intégralité que vous pouvez envisager de revenir en arrière et d'étudier le langage de l'histoire plus en profondeur si vous le souhaitez. Au lieu de vous inquiéter de tout comprendre, prenez le temps de vous concentrer sur ce que vous avez compris et de vous féliciter pour tout ce que vous avez fait.

Histoires Courtes

en Hongrois

Budapest

Budapest, Magyarország A kultúra és a **történelem** városa, ahol Kelet és Nyugat találkozik, és amely az évek során számos kreatív elmének adott otthont. Az egyik ilyen elme egy Klara nevű fiatal nőé volt. Művész volt, és szenvedélye a festészet volt. De szerette a zenét is, és gyakran dúdolta a dallamokat, miközben legújabb remekművén **dolgozott.** Egy ilyen dallam volt az, ami egy nap felkeltette egy arra járó idegen figyelmét. Egy pillanatra megállt, hogy **meghallgassa,** majd megkérdezte, hogy csatlakozhat-e hozzá. Klara először habozott, de aztán beleegyezett.

Így kezdődött egy csodálatos barátság két rokonlélek között, akiknek közös a művészet és a zene iránti szeretetük. Klara és az **idegen,** aki László néven mutatkozott be, hamarosan jó barátok lettek. Gyakran találkoztak, hogy együtt fessenek vagy **zenéljenek.** És az egyik ilyen találkozás alkalmával László elmesélte Klárának, hogy **álma,** hogy egy nap híres zeneszerző legyen. Klárát lelkesítette barátja ambíciója, és megígérte, hogy segít neki elérni a célját. Elkezdte bemutatni őt olyan embereknek a városban, akik elősegíthették volna a karrierjét. És nemsokára László neve Budapest-szerte ismert lett, mint tehetséges zenész és **zeneszerző.**

Budapest

Budapest, Hongrie Une ville de culture et d'**histoire**, où l'Orient rencontre l'Occident, et un lieu qui a accueilli de nombreux esprits créatifs au fil des ans. L'un de ces esprits appartenait à une jeune femme nommée Klara. C'était une artiste, et sa passion était la peinture. Mais elle aimait aussi la musique, et elle se retrouvait souvent à fredonner des airs pendant qu'elle **travaillait** sur son dernier chef-d'œuvre. C'est l'un de ces airs qui a attiré l'attention d'un étranger de passage un jour. Il s'est arrêté pour **écouter** un moment, puis a demandé s'il pouvait se joindre à lui. Klara a d'abord hésité, puis a accepté.

C'est ainsi que commença une belle amitié entre deux âmes sœurs qui partageaient l'amour de l'art et de la musique. Klara et l'**étranger**, qui s'est présenté comme Laszlo, sont rapidement devenus de bons amis. Ils se retrouvaient souvent pour peindre ou jouer de la **musique** ensemble. Et c'est au cours d'une de ces séances que Laszlo a raconté à Klara son **rêve** de devenir un jour un compositeur célèbre. Klara a été inspirée par l'ambition de son ami, et elle a promis de l'aider à atteindre son but. Elle a commencé à lui présenter des personnes en ville qui pourraient faire avancer sa carrière. Et très vite, le nom de Laszlo est

Ahogy László csillaga kezdett felemelkedni, úgy nőtt Klara saját művészi **hírneve is.** Festményei iránt most már nagy volt a kereslet, sőt, sikerült néhány munkáját igen jó áron eladnia. A siker ellenére Klara azonban soha nem feledkezett meg barátjáról, Lászlóról, és továbbra is támogatta őt zenei **törekvéseiben.** Több év kemény munka és odaadás után Klara és László is elérte álmait; ma már elismert művészek voltak a saját szakterületükön, és **fényes** jövő állt előttük. Köszönjük, hogy meghallgatták történetünket. Az évek teltek, Klara és László jó barátok maradtak, kötelékük erősebb, mint valaha. Továbbra is **gyönyörű** művészetet alkottak együtt, amelyet az általuk annyira szeretett város - Budapest - ihletett. És amikor még egyszer utoljára nézték a naplementét a Duna felett, tudták, hogy történetük örökre emlékezetes marad ezen a **varázslatos** helyen.

connu dans tout Budapest comme un musicien et un **compositeur** de talent.

Alors que l'étoile de Laszlo commençait à monter, la **réputation de** Klara en tant qu'artiste augmentait également. Ses peintures sont désormais très demandées et elle a même réussi à vendre certaines de ses œuvres à un très bon prix. Mais malgré son succès, Klara n'a jamais oublié son ami Laszlo et a continué à le soutenir dans ses **efforts** musicaux. Après plusieurs années de travail acharné et de dévouement, Klara et Laszlo ont tous deux réalisé leurs rêves ; ils sont désormais des artistes respectés dans leurs domaines respectifs et ont un **bel** avenir devant eux. Merci d'avoir écouté notre histoire. Les années ont passé et Klara et Laszlo sont restés de bons amis, leur lien étant plus fort que jamais. Ils ont continué à créer ensemble de **magnifiques** œuvres d'art, inspirées par la ville qu'ils aimaient tant - Budapest. Et alors qu'ils regardaient une dernière fois le soleil se coucher sur le Danube, ils savaient que leur histoire resterait à jamais gravée dans ce lieu **magique**.

Értelmezési kérdések

1. Mi a város a szövegben?

2. Ki a történet főszereplője?

3. Mi a főszereplő szenvedélye?

4. Mit tesz az idegen, amikor meghallja Klara dúdolását?

5. Mi az idegen álma?

6. Hogyan segít Klara az idegennek megvalósítani az álmát?

7. Mi az eredménye Klára és László barátságának?

8. Mit tesz Klara, amikor sikeres lesz?

9. Mit érez Klára és László a történet végén?

10. Mi a történet témája?

Questions de compréhension

1. Quelle est la ville dans le texte ?

2. Qui est le protagoniste de l'histoire ?

3. Quelle est la passion du protagoniste ?

4. Que fait l'étranger quand il entend Klara fredonner ?

5. Quel est le rêve de l'étranger ?

6. Comment Klara aide-t-elle l'étranger à réaliser son rêve ?

7. Quel est le résultat de l'amitié entre Klara et Laszlo ?

8. Que fait Klara quand elle a du succès ?

9. Que ressentent Klara et Laszlo à la fin de l'histoire ?

10. Quel est le thème de l'histoire ?

Tokaji bor

Sötét és viharos éjszaka volt. A szél süvöltött a **fák** között, leveleket és ágakat repített a levegőbe. A távolban mennydörgés dübörgött, mint egy dühös vadállat. Aznap este mindenki a tokaji borra gondolt, miközben otthonukban a tűz köré húzódtak, az édes **nektárt** kortyolgatták, és történeteket meséltek a régmúlt időkről. A vihar egész éjjel tombolt, de reggelre egy csepp eső sem esett. A nap előbukkant a felhők mögül, és **meleg** fényt árasztott a földre. A madarak énekelni kezdtek, és az emberek előbújtak otthonukból, pislogva a hirtelen jött fényben. Úgy tűnt, minden rendben van a világban - egészen addig, amíg észre nem vették a **vihar** által hátrahagyott károkat.

Fákat döntöttek ki, házakat **rongáltak meg,** és ami a legrosszabb - sok szőlőültetvény, ahol tokaji bort termelnek, elpusztult. Évekbe fog telni, amíg ezek a szőlőültetvények helyreállnak... de az ilyen időkben az emberek mindig megtalálják a módját, hogy kitartsanak. A vihar tönkretehette a szőlőültetvényeket, de az itt élő emberek **lelkét** nem tudta megérinteni. Ők egy szívós társaság, akik hozzászoktak a nehézségek leküzdéséhez. Így hát munkához láttak, újjáépítették otthonaikat és újraültették szőlőiket. Hosszú lesz a felépülés útja, de minden egyes nappal egy kicsit

Vin Tokaji

C'était une nuit sombre et orageuse. Le vent hurlait dans les **arbres**, faisant voler les feuilles et les branches dans les airs. Au loin, le tonnerre grondait comme une bête en colère. Le vin Tokaji était dans tous les esprits ce soir-là, alors qu'ils se blottissaient autour du feu dans leurs maisons, sirotant le doux **nectar** et racontant des histoires des jours passés. La tempête a fait rage toute la nuit, mais au matin, il n'y avait pas une goutte de pluie. Le soleil a surgi de derrière les nuages, jetant une lueur **chaude** sur la terre. Les oiseaux se sont mis à chanter et les gens sont sortis de chez eux, clignant des yeux dans la lumière soudaine. Tout semblait aller pour le mieux dans le monde, jusqu'à ce qu'ils remarquent les dégâts laissés par la **tempête**.

Des arbres ont été déracinés, des maisons ont été **endommagées** et, pire que tout, de nombreux vignobles où est produit le vin Tokaji ont été détruits. Il faudra des années pour que ces vignobles se rétablissent... mais dans des moments comme celui-ci, les gens trouvent toujours le moyen de persévérer. La tempête a peut-être détruit les vignobles, mais elle n'a pas pu toucher l'**esprit** des gens qui vivent ici. Ce sont des gens robustes, habitués à surmonter l'adversité. Ils se sont donc mis au travail, reconstruisant leurs

közelebb érzik **magukat** ahhoz, hogy visszatérjenek oda, ahol korábban voltak. Addig is, továbbra is élvezik a tokaji bort - mert még a nehéz időkben is mindig van idő egy kis **édességre** az életben.

A szőlőültetvények végre kezdenek **helyreállni**, és a tokaji bor első új termése készen áll a szüretre. Izgalom van a levegőben, ahogy az emberek összegyűlnek, hogy **együtt** ünnepeljék ezt a jelentős eseményt. Emelik poharukat, koccintanak a jövőre, és élvezik a **siker** édes ízét. Lehet, hogy időbe telt, de végre visszatértek - erősebben, mint valaha. Az évek elteltek, és a szőlőültetvények ismét virágoznak. A tokaji bor népszerűbb, mint valaha, és a világ minden tájáról érkeznek emberek, hogy meglátogassák ezt a **gyönyörű** helyet. Ez egy új fejezet a tokaji bor történetében - egy olyan fejezet, amely biztosan ugyanolyan édes lesz, mint maga a **nektár.**

maisons et replantant leurs vignes. Le chemin vers la guérison sera long, mais chaque jour qui passe les rapproche un peu **plus de la situation d'**avant. En attendant, ils continuent à apprécier le vin Tokaji, car même dans les moments difficiles, il est toujours possible d'avoir un peu de **douceur dans la** vie.

Les vignobles commencent enfin à **se rétablir** et la première nouvelle récolte de vin Tokaji est prête à être vendangée. Il y a un sentiment d'excitation dans l'air alors que les gens se **rassemblent** pour célébrer cette occasion mémorable. Ils lèvent leurs verres, portent un toast à l'avenir et savourent le goût sucré du **succès**. Cela a peut-être pris du temps, mais ils ont finalement réussi à revenir, plus forts que jamais. Les années ont passé et les vignobles sont à nouveau prospères. Le vin Tokaji est plus populaire que jamais et des gens du monde entier viennent visiter ce lieu **magnifique**. C'est un nouveau chapitre de l'histoire du vin Tokaji, un chapitre qui sera certainement aussi doux que le **nectar** lui-même.

Értelmezési kérdések

1. Mi járt mindenki fejében a vihar estéjén?

2. Reggel mi volt az első jele annak, hogy a vihar elvonult?

3. Milyen károkat szenvedtek a szőlőültetvények?

4. Mit éreztek az emberek a szőlőültetvények pusztulása miatt?

5. Mit tettek az emberek a vihar után?

6. Mennyi időbe telt, amíg a szőlőültetvények helyreálltak?

7. Amikor a szőlőültetvények kezdtek helyreállni, hogyan érezték magukat az emberek?

8. Miben más most a tokaji bor, mint a vihar előtt?

9. Mi a tokaji bor történetének új fejezete?

10. Mit gondol a szerző a tokaji borról?

Questions de compréhension

1. Qu'est-ce qui préoccupait tout le monde le soir de la tempête ?

2. Au matin, quel a été le premier signe que la tempête était passée ?

3. Quels ont été les dommages causés aux vignobles ?

4. Comment les gens ont-ils réagi à la destruction des vignobles ?

5. Qu'ont fait les gens au lendemain de la tempête ?

6. Combien de temps a-t-il fallu pour que les vignobles se rétablissent ?

7. Lorsque les vignobles ont commencé à se rétablir, comment les gens se sont-ils sentis ?

8. En quoi le vin Tokaji est-il différent aujourd'hui de ce qu'il était avant la tempête ?

9. Quel est le nouveau chapitre de l'histoire du vin Tokaji ?

10. Que pense l'auteur du vin Tokaji ?

Balaton

A Balaton fölött már lement a nap, és az utolsó **turisták is** összepakolták a holmijukat, és elindultak vissza a szállodájukba. De volt egy ember, aki még nem akart távozni. Annának hívták, és imádott a tónál időzni, még akkor is, amikor mindenki más már hazament. Ma este különösen vonzotta a víz. Leült a stégre, és belelógatta a lábát, figyelte, ahogy a hullámok szétterülnek onnan, ahol a lábujjai megzavarják a felszínt. Az ég **mélyvörös** és narancssárga színben pompázott, és gyönyörűen tükröződött a vízről. Anna elégedetten felsóhajtott, és hátradőlt a stéget tartó egyik oszlopnak. Jól esett egyszerűen csak pihenni egy hosszú munkanap után. Hirtelen csobbanást hallott a háta mögött, amit nehéz léptek követtek, amelyek a stégen keresztül közeledtek felé. Épp időben fordult meg, hogy meglássa, amint egy hatalmas **lény** bukkan elő a víz alól! Úgy nézett ki, mint valami szörnyeteg, testét pikkelyek borították, és a szemei vörösen izzottak! Anna felkapaszkodott, de már túl késő volt. A lény már elérte őt, és nyálkás csápjaival a dereka köré tekeredett, és a víz felé húzta. Segítségért **kiáltott**, de senki sem volt a közelben, aki meghallotta volna.

Kétségbeesetten próbált visszavágni, de a lény túl erős

Lac Balaton

Le soleil se couche sur le lac Balaton et les derniers **touristes de** la journée remballent leurs affaires et rentrent à l'hôtel. Mais il y avait une personne qui ne partait pas tout de suite. Elle s'appelle Anna et aime **passer du** temps au bord du lac, même quand tout le monde est rentré chez soi. Ce soir, elle se sentait particulièrement attirée par l'eau. Elle s'est assise sur le quai et a balancé ses pieds dans l'eau, regardant les ondulations se propager à partir de l'endroit où ses orteils perturbaient la surface. Le ciel devenait d'un **rouge** et d'un orange profonds, se reflétant sur l'eau d'une manière magnifique. Anna soupire de contentement et s'adosse à l'un des poteaux qui soutiennent le quai. Cela fait du bien de se détendre après une longue journée de travail. Soudain, elle entend un plouf derrière elle, suivi de pas lourds qui se dirigent vers elle sur le quai. Elle se retourne juste à temps pour voir une grande **créature** sortir de l'eau ! Elle ressemblait à une sorte de monstre avec des écailles sur tout le corps et des yeux rouges brillants ! Anna s'est précipitée sur ses pieds, mais c'était trop tard. La créature l'avait déjà atteinte et avait enroulé ses tentacules gluants autour de sa taille, l'entraînant vers l'eau. Elle a **crié à** l'aide, mais il n'y avait personne pour l'entendre.

volt. Belerántotta a vízbe, és érezte, hogy magával rántja a tó mélyére. Nem kapott levegőt, és a feketeség kezdte elzárni a látását. Mielőtt elvesztette volna az eszméletét, látta, hogy a lény **arca** szinte mosolyra húzódott. Anna köhögve és zihálva ébredt fel. Tetőtől talpig átázva feküdt a stégen. A lénynek sehol sem volt nyoma. Biztosan álmodott! De olyan valóságosnak tűnt... Megrázta a fejét, hogy kitisztuljon, és bizonytalanul felállt. A szíve még mindig hevesen vert a **rémálom** adrenalinlöketétől. Talán mégiscsak vissza kellene mennie a szállodába. Ettől a helytől kirázta a hideg! Ahogy Anna elsétált a tótól, nem tudott mit tenni, de úgy érezte, mintha valami figyelné őt. Felgyorsította a lépteit, de valahányszor a **válla** fölött átnézett, nem volt ott semmi. Azt mondta magának, hogy csak a képzelete játszik vele, de még mindig nem tudott szabadulni az **érzéstől,** hogy valami nincs rendben.

Elle a essayé désespérément de se défendre, mais la créature était trop forte. Elle l'a attirée dans l'eau et elle a senti qu'elle était entraînée dans les profondeurs du lac. Elle ne pouvait plus respirer et le noir a commencé à se refermer sur sa vision. Juste avant de perdre conscience, elle a vu le **visage** de la créature se déformer en ce qui ressemblait presque à un sourire. Anna s'est réveillée en toussant et en crachant. Elle était allongée sur le quai, trempée de la tête aux pieds. Il n'y avait aucun signe de la créature nulle part. Elle a dû rêver ! Mais ça semblait si réel... Elle a secoué sa tête pour la vider et s'est levée de manière instable. Son cœur s'emballe encore à cause de la montée d'adrénaline provoquée par son **cauchemar**. Peut-être qu'elle devrait retourner à son hôtel après tout. Cet endroit lui donnait la chair de poule ! Alors qu'Anna s'éloigne du lac, elle ne peut s'empêcher de penser que quelque chose l'observe. Elle a accéléré le pas, mais chaque fois qu'elle regardait par-dessus son **épaule**, il n'y avait rien. Elle se dit que ce n'était que son imagination qui lui jouait des tours, mais elle ne pouvait s'empêcher de **penser** que quelque chose n'allait pas.

Értelmezési kérdések

1. Mit csinál Anna, amikor a tónál van?

2. Hogy néz ki az a lény, amelyik a vízből jön ki?

3. Mit tesz Anna, amikor felébred az álmából?

4. Hogyan reagál Anna, amikor gyermeke egy mérleget talál a tónál?

5. Mit akar a lény Annától?

6. Mit érez Anna a tóban lévő lénnyel kapcsolatban?

7. Mit tesz a lény Annával, amikor elkapja?

8. Hogyan találja meg Anna gyermeke a tóparti mérleget?

9. Hogyan néz ki a skála?

10. Mi a lény végső célja?

Questions de compréhension

1. Que fait Anna lorsqu'elle est au bord du lac ?

2. A quoi ressemble la créature qui sort de l'eau ?

3. Que fait Anna lorsqu'elle se réveille de son rêve ?

4. Quelle est la réaction d'Anna lorsque son enfant trouve une balance au bord du lac ?

5. Que veut la créature avec Anna ?

6. Que pense Anna de la créature du lac ?

7. Que fait la créature à Anna lorsqu'elle l'attrape ?

8. Comment l'enfant d'Anna trouve-t-il la balance au bord du lac ?

9. A quoi ressemble l'échelle ?

10. Quel est le but ultime de la créature ?

Romok bárok

Magyarországon jártam először romkocsmában. A barátaimmal egy európai körutazáson voltunk, és úgy döntöttünk, hogy megállunk pár napra Magyarországon. Hallottuk, hogy az ország tele van romkocsmákkal, amelyek alapvetően **elhagyatott** épületek, amelyeket bárokká alakítottak át. Úgy gondoltuk, jó móka lesz megnézni őket. Végül a Szimpla Kert nevű helyen kötöttünk ki, amely Budapest egyik leghíresebb romkocsmája. Abban a pillanatban, ahogy beléptünk, tudtuk, hogy tetszeni fog. **Sötét** és hangulatos volt, kitett téglafalakkal és össze nem illő bútorokkal. Élő zene szólt, és körülöttünk táncoló emberek táncoltak. Rendeltünk néhány **italt**, és letelepedtünk az egyik hangulatos sarokba, hogy megfigyeljük az embereket. Ahogy telt az este, egyre több budapesti romkocsmát fedeztünk fel - mindegyikben találtunk valami **egyedit**.

De volt valami a Szimpla Kertben, ami folyton visszahúzott minket; úgy éreztük, mintha az otthonunk lenne. Ha mostanában **honvágyunk van**, csak egy romkocsma kell, és hirtelen minden újra jónak tűnik. Azóta járok romkocsmákba, amióta először jártam Magyarországon. Ezek lettek a **kedvenc** helyeim az iváshoz és a társasági élethez. Imádom a nyugodt légkört és azt a tényt, hogy olyan **ruhában** jelenhetsz

Barres de ruines

La première fois que je suis allée dans un bar à ruines, c'était en Hongrie. Mes amis et moi étions en voyage à travers l'Europe et nous avons décidé de nous arrêter en Hongrie pour quelques jours. Nous avions entendu dire que le pays était rempli de bars en ruines, qui sont en fait des bâtiments **abandonnés** transformés en bars. Nous avons pensé qu'il serait amusant d'aller les voir. Nous avons atterri dans un endroit appelé Szimpla Kert, qui est l'un des bars en ruine les plus célèbres de Budapest. Dès que nous sommes entrés, nous avons su que nous allions aimer l'endroit. C'était **sombre** et atmosphérique, avec des murs en briques apparentes et des meubles dépareillés. Il y avait de la musique live et des gens qui dansaient tout autour de nous. Nous avons commandé des **boissons** et nous sommes installés dans l'un des coins confortables pour regarder les gens. Au fil de la nuit, nous avons exploré d'autres bars en ruine à Budapest, chacun offrant quelque chose d'**unique**.

Mais il y avait quelque chose à Szimpla Kert qui nous attirait sans cesse ; on s'y sentait comme chez soi loin de chez soi. Chaque fois que nous avons le **mal du pays**, il nous suffit d'aller dans un bar de ruines pour que tout redevienne normal. Je fréquente les bars à

meg, amilyenben csak akarsz - nem kell megjátszani magad, vagy úgy tenni, mintha nem lennél az, aki vagy. Ma már Európa-szerte vannak romkocsmák, de szerintem még mindig a magyarországiak a legjobbak. Talán azért, mert ezek voltak az elsők, ahol valaha is jártam, vagy talán azért, mert van bennük valami **különleges**, ami más helyeken nincs.

Akárhogy is, amikor lehetőségem nyílik visszamenni, azonnal lecsapok rá. Ha még nem jártál romkocsmában, akkor mindenképpen meg kell tenned - különösen, ha Magyarországon találod magad! A barátaimmal az elmúlt **években** Európa-szerte jártunk romkocsmákba. Voltunk már néhány csodálatos helyen, de a kedvencünk még mindig a budapesti Szimpla Kert. Egyszerűen van valami abban a helyben, ami miatt mindig visszajárunk. Mindig megállunk a Szimpla Kertben, amikor Magyarországon járunk. Még ha csak néhány óránk van a **vonat** indulása előtt, akkor is odamegyünk egy-két gyors italra. Olyan, mintha otthon éreznénk magunkat - egy hely, ahol ellazulhatunk és önmagunk lehetünk **ítélkezés** nélkül.

ruines depuis ce premier voyage en Hongrie. Ils sont devenus mes endroits **préférés** pour boire et socialiser. J'aime l'atmosphère décontractée et le fait que l'on peut s'y présenter dans les **vêtements** que l'on veut - pas besoin de faire semblant ou de se faire passer pour quelqu'un d'autre. Il y a des bars à ruines dans toute l'Europe maintenant, mais je pense toujours que ceux de Hongrie sont les meilleurs. C'est peut-être parce que ce sont les premiers que j'ai fréquentés, ou parce qu'ils ont quelque chose de **spécial** que les autres endroits n'ont pas.

Quoi qu'il en soit, dès que j'ai l'occasion d'y retourner, je saute sur l'occasion. Si vous n'êtes jamais allé dans un bar de ruines, vous devriez absolument le faire, surtout si vous vous trouvez en Hongrie ! Ces dernières **années,** mes amis et moi avons visité des bars à ruines dans toute l'Europe. Nous avons visité des endroits incroyables, mais notre préféré reste le Szimpla Kert à Budapest. Il y a juste quelque chose dans cet endroit qui nous fait revenir. Nous faisons toujours en sorte de nous arrêter à Szimpla Kert lorsque nous sommes en Hongrie. Même si nous n'avons que quelques heures avant le départ de notre **train**, nous nous y rendons pour boire un verre ou deux. Nous nous sentons comme à la maison maintenant - un endroit où nous pouvons nous détendre et être nous-mêmes sans être **jugés**.

Értelmezési kérdések

1. Mik azok a romkocsmák?

2. Hol van Magyarország?

3. Mi az a Szimpla Kert?

4. Mit mond a szerző a Szimpla Kertről?

5. Milyen a hangulat egy romkocsmában?

6. Vannak romkocsmák más országokban?

7. Mi a szerző kedvenc romkocsmája?

8. Mit mond a szerző a romkocsmában való öltözködésről?

9. Mi a szerző véleménye a romos rudakról?

10. Milyen tanácsot ad a szerző a romlott bárokkal kapcsolatban?

Questions de compréhension

1. Que sont les barres de ruines ?

2. Où se trouve la Hongrie ?

3. Qu'est-ce que Szimpla Kert ?

4. Que dit l'auteur à propos de Szimpla Kert ?

5. Quelle est l'atmosphère d'un bar à ruines ?

6. Existe-t-il des bars à ruines dans d'autres pays ?

7. Quel est le bar à ruines préféré de l'auteur ?

8. Que dit l'auteur à propos de l'habillement dans un bar à ruines ?

9. Quelle est l'opinion de l'auteur sur les barres en ruine ?

10. Quels conseils l'auteur donne-t-il à propos des bars en ruine ?

Gulyás

Sötét és viharos éjszaka volt. Az a fajta éjszaka, amikor az ember legszívesebben összebújna egy jó **könyvvel** és egy tál meleg gulyással. De sajnos nem találtam gulyást a szekrényben, csak egy doboz paradicsomlevest és egy kis **tésztát**. Odakint süvöltött a szél, és végigfutott a hideg a hátadon. Úgy döntött, hogy beéri azzal, ami van, és elkezdte főzni a tésztát. Ahogy a víz forrni kezdett, hallottad, hogy valami kaparászik az ajtón. Óvatosan közelítettél az ajtóhoz, a **szíved** a mellkasodban dobogott. Lehet, hogy betörő volt? Vagy ami még rosszabb, egy zombi? Lassan a kilincs után nyúltál, készen arra, hogy szükség esetén megvédd magad. De amikor kinyitottad az ajtót, csak egy bágyadt macskát találtál.

Szegény úgy nézett ki, mintha a poklot is megjárta volna. **Csupa** sár volt, és a bundája vérrel volt összemaszatolva. Szánalmasan nyávogott, ahogy betántorgott a házba. Megsajnáltad a lényt, és úgy döntöttél, hogy megtisztítod, mielőtt adsz neki enni. Addig turkáltál a **szekrényeidben**, amíg találtál egy régi törülközőt, és elkezdted óvatosan letörölgetni a macskát. Miután megtisztítottad, kitettél neki egy tál levest és egy kis szárazeledelt, amit megehetett. Nem volt túl sok, de remélhetőleg **reggelig** kitartott a

Goulash

C'était une nuit sombre et orageuse. C'était le genre de nuit qui vous donne envie de vous blottir avec un bon **livre** et un bol chaud de goulasch. Mais hélas, il n'y avait pas de goulasch dans le placard, seulement une boîte de soupe à la tomate et des **pâtes**. Le vent hurlait dehors, vous donnant des frissons dans le dos. Vous avez décidé de faire avec ce que vous aviez et avez commencé à faire cuire les pâtes. Alors que l'eau arrivait à ébullition, vous avez entendu quelque chose gratter à la porte. Vous vous êtes approché prudemment de la porte, votre **cœur** battant dans votre poitrine. Pourrait-il s'agir d'un cambrioleur ? Ou pire, un zombie ? Vous avez lentement attrapé la poignée, prête à vous défendre si nécessaire. Mais quand vous avez ouvert la porte, tout ce que vous avez trouvé, c'est un chat en piteux état.

La pauvre bête avait l'air d'avoir traversé l'enfer et d'en être revenue. Il était **couvert** de boue et sa fourrure était tachée de sang. Il miaulait pitoyablement en titubant dans la maison. Vous avez eu pitié de la créature et avez décidé de la nettoyer avant de lui donner quelque chose à manger. Vous avez fouillé dans vos **armoires** jusqu'à ce que vous trouviez une vieille serviette et avez commencé à essuyer doucement le

macska, amikor is el tudtál menni a boltba, hogy rendes gulyás hozzávalókat szerezz. A macska éhesen falta az ételt, majd elégedetten dorombolva összekuporodott a törölközőn. Egy pillanatig még figyelte, mielőtt **maga is** lefeküdt volna. Hosszú éjszakának nézett elébe a kint tomboló viharral, de most legalább volt társasága.

Elaludtál, meleg tál gulyásról álmodtál, és **hálát** éreztél, hogy a macska utat talált az ajtódhoz. Másnap reggel arra ébredt, hogy a macska eltűnt. Valószínűleg az éjszaka folyamán kicsúszott, hogy újabb élelmet keressen. Remélted, hogy minden rendben lesz vele, és hamarosan újra látod. **Addig is** felöltözött, és elindult a boltba gulyás hozzávalókért. Kis szerencsével a viharos éjszakád egy finom tál **vigasztaló** ételbe fog átfordulni. Ahogy végigsétálsz a boltban, és összeszeded a szükséges hozzávalókat, nem tudsz nem gondolni a macskára. Reméli, hogy jól érzi magát ebben az időben. De még ha soha többé nem is látod, örülsz, hogy csak egy **éjszakára is** eljutott hozzád.

chat. Une fois qu'il était propre, vous lui avez servi un bol de soupe et de la nourriture sèche. Ce n'était pas grand-chose, mais j'espérais que cela tiendrait le chat jusqu'au **matin**, quand vous pourriez aller chercher les ingrédients d'un bon goulasch au magasin. Le chat a dévoré la nourriture avec avidité, puis il s'est pelotonné sur la serviette en ronronnant de plaisir. Vous l'avez regardé un moment avant d'aller **vous** coucher. La nuit allait être longue avec la tempête qui faisait rage dehors, mais au moins vous aviez de la compagnie maintenant.

Vous vous êtes endormi en rêvant de bols de goulasch chauds et en étant **reconnaissant** que le chat ait trouvé le chemin de votre porte. Le lendemain matin, vous vous réveillez et constatez que le chat a disparu. Il s'était probablement échappé pendant la nuit à la recherche de nourriture. Vous espérez qu'il va bien et que vous le reverrez bientôt. En **attendant**, vous vous habillez et vous vous rendez au magasin pour acheter les ingrédients du goulasch. Avec un peu de chance, votre nuit de tempête se transformera en un délicieux bol de nourriture **réconfortante**. Alors que vous marchez dans le magasin pour acheter les ingrédients dont vous avez besoin, vous ne pouvez vous empêcher de penser au chat. Vous espérez qu'il se débrouille bien par ce temps. Mais même si vous ne le revoyez jamais, vous êtes heureuse qu'il ait trouvé le chemin de votre porte pour une seule **nuit**.

Értelmezési kérdések

1. Mit talál a főhős, amikor kinyitja az ajtót?

2. Miért volt a macska sárral és vérrel borítva?

3. Mit érez a főhős a macskával kapcsolatban?

4. Mit tesz a főhős a macskáért?

5. Miről álmodik a főhős?

6. Másnap reggel mi a főhős első gondolata?

7. Hol van a macska, amikor a főhős felébred?

8. Mit remél a főhős a macskától?

9. Miért örül a főhős, hogy a macska utat talált az ajtajukhoz?

10. Miközben á főszereplő végigsétál a boltban, mire gondol?

Questions de compréhension

1. Que trouve le protagoniste lorsqu'il ouvre la porte ?

2. Pourquoi le chat était-il couvert de boue et de sang ?

3. Quels sont les sentiments du protagoniste à l'égard du chat ?

4. Que fait le protagoniste pour le chat ?

5. De quoi le protagoniste rêve-t-il ?

6. Le lendemain matin, quelle est la première pensée du protagoniste ?

7. Où est le chat quand le protagoniste se réveille ?

8. Qu'est-ce que le protagoniste espère pour le chat ?

9. Pourquoi le protagoniste est-il heureux que le chat ait trouvé le chemin de leur porte ?

10. Pendant que le protagoniste marche dans le magasin, à quoi pense-t-il ?

Budai Vár

A Budai Vár egy gyönyörű és történelmi **vár** Magyarországon. A vár évszázadokon keresztül számos különböző családnak adott otthont, és védelmet nyújtott a betolakodókkal szemben. Az utóbbi években a vár népszerű **turisztikai** célponttá vált, és a világ minden tájáról vonzza a látogatókat. Egy nyári napon egy négytagú amerikai család úgy döntött, hogy ellátogat a Budai Várba. Azonnal elvarázsolta őket a **szépség** és a történelem. Ahogy felfedezték a területet, úgy érezték, mintha visszaléptek volna az időben. A gyerekek lovagoknak és hercegnőknek tettették magukat, miközben a **szüleik** fotókat készítettek és csodálták az építészeti alkotásokat. Miután eltöltöttek egy kis időt a kinti felfedezéssel, úgy döntöttek, hogy bemennek a **kastély** egyik épületébe.

Amikor bejutottak, elámultak azon, hogy minden milyen jól megőrzött. Mintha egy másik világba léptek volna! Órákig bolyongtak, megismerkedtek a magyar kultúrával, és megcsodálták az egyes helyiségek **bonyolult** részleteit, mielőtt végül visszamentek volna, hogy az egyik torony tetejéről élvezzék a Budapestre nyíló kilátást. Későre járt, de a család még nem akart elmenni. A vár közelében béreltek egy kis **lakást,** és úgy döntöttek, hogy taxizás helyett inkább gyalog

Château de Buda

Le château de Buda est un magnifique **château** historique situé en Hongrie. Pendant des siècles, le château a abrité de nombreuses familles différentes et a servi de protectorat contre les envahisseurs. Ces dernières années, le château est devenu une destination **touristique** populaire, attirant des visiteurs du monde entier. Un jour d'été, une famille américaine de quatre personnes a décidé de visiter le château de Buda. Ils ont immédiatement été enchantés par sa **beauté** et son histoire. En explorant les lieux, ils ont eu l'impression de remonter dans le temps. Les enfants couraient partout en se prenant pour des chevaliers et des princesses tandis que leurs **parents** prenaient des photos et s'émerveillaient de l'architecture. Après avoir passé un certain temps à explorer l'extérieur, ils ont décidé d'entrer dans l'un des bâtiments de la **propriété**.

Une fois à l'intérieur, ils ont été stupéfaits de voir à quel point tout était bien préservé. Ils avaient l'impression de pénétrer dans un autre monde ! Ils se sont promenés pendant des heures, découvrant la culture hongroise et admirant tous les détails **complexes** de chaque pièce, avant de retourner dehors pour profiter de la vue sur Budapest du haut de l'une des tours. Il se faisait tard, mais la famille ne voulait pas partir tout de suite. Ils

mennek oda. Ahogy sétáltak az utcákon, úgy érezték magukat, mintha egy tündérmesében lennének. A város olyan **gyönyörű** és elbűvölő volt! Végül visszaértek a lakásukba, és a fárasztó naptól kimerülten az ágyakra dőltek. De annak ellenére, hogy fáradtak voltak, mindannyian **egyetértettek** abban, hogy ez volt életük egyik legjobb napja.

Várakról, sárkányokról és hercegnőkről álmodozva aludtak el. Másnap reggel korán ébredtek, és úgy döntöttek, hogy még **felfedezik a** várost, mielőtt visszamennek a repülőtérre. Órákig sétáltak, megálltak kávézókban és üzletekben, és csak úgy élvezték Budapest minden látványát és hangját. Ez egy olyan nap volt, amelyre mindig **emlékezni fognak** - tökéletes befejezése **varázslatos** nyaralásuknak. Amikor felszálltak a repülőgépre, a család már a következő utazásukat tervezte. Tudták, hogy még annyi hely van a világon, amit felfedezhetnek, és alig várták, hogy megnézzék, mi **vár** még rájuk.

avaient loué un petit **appartement** près du château et ont décidé de s'y rendre à pied au lieu de prendre un taxi. En marchant dans les rues, ils ont l'impression d'être dans un conte de fées. La ville était si **belle** et si charmante ! Ils finissent par rentrer à leur appartement et s'écroulent sur les lits, épuisés par leur journée bien remplie. Mais même s'ils étaient fatigués, ils étaient tous **d'accord pour** dire que c'était l'une des meilleures journées de leur vie.

Ils se sont endormis en rêvant de châteaux, de dragons et de princesses. Le lendemain matin, ils se sont réveillés tôt et ont décidé d'**explorer un** peu plus la ville avant de retourner à l'aéroport. Ils se sont promenés pendant des heures, s'arrêtant dans des cafés et des boutiques, et profitant de tous les sons et images de Budapest. C'était une journée dont ils **se souviendraient** toujours - une fin parfaite pour leurs vacances **magiques**. Alors qu'ils montaient à bord de leur avion, la famille planifiait déjà son prochain voyage. Ils savaient qu'il y avait tellement d'autres endroits à explorer dans le monde, et ils avaient hâte de voir ce qui les **attendait** encore.

Értelmezési kérdések

1. Mi az a Budai Vár?

2. Mi a Budai Vár története?

3. Milyen családok éltek a Budai Várban?

4. Miért népszerű turisztikai célpont a Budai Vár?

5. Mit csinált az Amerikából érkezett család, amikor a Budai Várban jártak?

6. Mit gondolt a család a Budai Várról?

7. Mit csinált a család a Budai Vár felfedezése után?

8. Hogyan reagált a család Budapest városára?

9. Mit csinált a család az utolsó budapesti napjukon?

10. Mi volt a család általános véleménye az utazásról?

Questions de compréhension

1. Qu'est-ce que le château de Buda ?

2. Quelle est l'histoire du château de Buda ?

3. Quelles familles ont vécu dans le château de Buda ?

4. Pourquoi le château de Buda est-il une destination touristique populaire ?

5. Qu'a fait la famille américaine lorsqu'elle a visité le château de Buda ?

6. Que pense la famille du château de Buda ?

7. Qu'a fait la famille après avoir exploré le château de Buda ?

8. Quelle a été la réaction de la famille à la ville de Budapest ?

9. Qu'a fait la famille lors de son dernier jour à Budapest ?

10. Quelle est l'opinion générale de la famille sur son voyage ?

Harry Houdini

Harry Houdinit mindig is lenyűgözte a **varázslás** világa. Gyermekként órákon át próbálta kitalálni, hogy kedvenc bűvészei hogyan hajtják végre trükkjeiket. Elhatározta, hogy egy nap ő lesz a világ legnagyobb bűvészének. Felnőttként Harry a "bilincsek királya" néven vált ismertté. Bármilyen bilincsből ki tudott szabadulni, legyen az bármilyen szoros vagy **bonyolult**. Az emberek gyakran kihívták őt, hogy próbáljon meg kiszabadulni a saját bilincsükből, de Harrynek mindig könnyedén sikerült. Egy nap egy csapat férfi kihívta Harryt, hogy szabaduljon ki egy pár bilincsből, amelyről azt állították, hogy lehetetlen kiszabadulni belőle. Fogadtak vele 100 dollárban, hogy 10 percen belül nem sikerül neki. Harry elfogadta a **kihívást**, és gyorsan nekilátott, hogy megpróbáljon **kiszabadulni** a bilincsből.

A férfiak hitetlenkedve nézték, ahogy Harrynek másodpercek alatt sikerült kiszabadítania **magát.** Annyira lenyűgözte őket a képessége, hogy "A Nagy Houdini"-nek kezdték hívni. Ettől kezdve az emberek a világ minden tájáról eljöttek, hogy megnézzék Harry elképesztő szabadulóművészeti mutatványait. Ahogy Harry hírneve nőtt, úgy nőttek a kihívások is, amelyeket az emberek elé állítottak. Folyamatosan újabb és újabb **nehéz** helyzetekből kellett kiszabadulnia. Egy nap

Harry Houdini

Harry Houdini a toujours été fasciné par le monde de la **magie**. Enfant, il passait des heures à essayer de comprendre comment ses magiciens préférés réalisaient leurs tours. Il était déterminé à devenir un jour le plus grand magicien du monde. À l'âge adulte, Harry est connu comme le "Roi des menottes". Il pouvait s'échapper de n'importe quel type de contrainte, aussi serrée ou **compliquée** soit-elle. Les gens le défiaient souvent d'essayer de s'échapper de leurs propres menottes, mais Harry y parvenait toujours avec facilité. Un jour, un groupe d'hommes a mis Harry au défi de s'échapper d'une paire de menottes qu'ils prétendaient impossible à enlever. Ils lui ont parié 100 dollars qu'il n'y parviendrait pas en 10 minutes. Harry a accepté leur **défi** et s'est rapidement mis au travail pour essayer d'**échapper** aux menottes.

Les hommes regardent, incrédules, Harry réussir à **se** libérer en quelques secondes. Ils sont tellement impressionnés par ses talents qu'ils commencent à l'appeler "Le Grand Houdini". Dès lors, des gens du monde entier viennent voir Harry réaliser ses prouesses d'évasion. La renommée d'Harry grandit, tout comme les défis qu'on lui lance. Il était constamment mis au défi de s'échapper de situations de plus en plus

egy tudóscsoport kihívta Harryt, hogy szökjön meg egy vízzel teli, lezárt kamrából. Azt mondták, hogy **lehetetlen,** hogy bárki is élve kijusson a kamrából. Harry elfogadta a kihívást, és belépett a kamrába. Másodperceken belül kiszabadult a **kamrából**, és biztonságban felbukkant a felszínen.

A tudósokat lenyűgözték a képességei, és "Csodaembernek" kezdték hívni. Ettől kezdve Harry a történelem egyik legnagyobb bűvészeként vált ismertté. Egészen 1926-ban bekövetkezett korai haláláig folytatta a merész **szökéseket.** Bár Harry már nincs közöttünk, öröksége tovább él. Sok **bűvészt** inspirált az évek során, és legendája még generációkig elkápráztatja az embereket. Ha valaha is lesz alkalmad megnézni egy bűvészbemutatót, mindenképpen tartsd nyitva a szemed a Harry Houdini által híressé tett trükkökre. El fogsz ámulni azon, hogyan volt képes megmenekülni látszólag **lehetetlen** helyzetekből. És ki tudja, talán egy nap te magad is képes leszel végrehajtani néhányat a trükkjei közül!

difficiles. Un jour, un groupe de scientifiques a mis Harry au défi de s'échapper d'une chambre scellée remplie d'eau. Ils ont déclaré qu'il était **impossible** pour quiconque de s'échapper vivant de la chambre. Harry a accepté leur défi et est entré dans la chambre. En quelques secondes, il s'est échappé de la **chambre** et a fait surface en toute sécurité à l'extérieur.

Les scientifiques sont stupéfaits par ses talents et commencent à l'appeler "l'homme miracle". À partir de ce moment-là, Harry est devenu l'un des plus grands magiciens de l'histoire. Il a continué à réaliser des **évasions** audacieuses jusqu'à sa mort prématurée en 1926. Même si Harry n'est plus parmi nous, son héritage continue de vivre. Il a inspiré de nombreux **magiciens au fil des** ans et sa légende continuera d'émerveiller les générations à venir. Si vous avez l'occasion de voir un spectacle de **magie**, assurez-vous de garder un œil sur les tours que Harry Houdini a rendus célèbres. Vous serez étonné de voir comment il parvenait à se sortir de situations apparemment **impossibles**. Et qui sait, peut-être qu'un jour vous serez capable de réaliser vous-même certains de ses tours !

Értelmezési kérdések

1. Mi volt Harry Houdini gyermekkori ambíciója?

2. Hogyan reagáltak az emberek, amikor látták Harry-t a szökési trükkjeit bemutatni?

3. Mi volt a legnehezebb szökési kihívás, amellyel Harrynek valaha is szembe kellett néznie?

4. Hogyan halt meg Harry Houdini?

5. Mi Harry Houdini öröksége?

6. Milyen trükköket mutatott be Harry Houdini?

7. Hogyan lett híres Harry Houdini?

8. Hogyan reagáltak a tudósok, amikor Harry megszökött a vízkamrából?

9. Mi Harry Houdini jelentősége a bűvészettörténetben?

10. Milyen tanácsot adna a szerző az olvasóknak?

Questions de compréhension

1. Quelle était l'ambition de Harry Houdini dans son enfance ?

2. Comment les gens ont-ils réagi lorsqu'ils ont vu Harry réaliser ses tours d'évasion ?

3. Quel a été le défi d'évasion le plus difficile à relever pour Harry ?

4. Comment est mort Harry Houdini ?

5. Quel est l'héritage de Harry Houdini ?

6. Quel genre de tours Harry Houdini réalisait-il ?

7. Comment Harry Houdini est-il devenu célèbre ?

8. Quelle a été la réaction des scientifiques lorsque Harry s'est échappé de la chambre à eau ?

9. Quelle est l'importance de Harry Houdini dans l'histoire de la magie ?

10. Quels conseils l'auteur donnerait-il aux lecteurs ?

Esztergomi bazilika

Az esztergomi bazilika **gyönyörű** látványt nyújt. Magyarország egyik legnépszerűbb turisztikai látványossága, amely a világ minden tájáról vonzza az embereket. A bazilika Esztergom városában található, amely Budapesttől körülbelül egy órányi autóútra van. A város a **Duna** partján fekszik, és lenyűgöző kilátásáról ismert. Volt szerencsém meglátogatni a bazilikát a közelmúltban tett magyarországi utam során. Megbabonázott a **szépsége** és a nagysága. Az épület külsejét bonyolult faragványok és szobrok díszítik, míg a belső tér ugyanilyen lenyűgöző a hatalmas **oszlopokkal** és ólomüveg ablakokkal.

Még a kupola tetejére is feljutottam, ahonnan **lélegzetelállító** kilátás nyílik Esztergomra és azon túlra. Ha valaha is Magyarországon jársz, mindenképpen írd be az útitervedbe az esztergomi bazilikát. Ez valóban egy **csodálatos** hely, amit nem szabad kihagyni! Másnap reggel korán ébredtem, alig vártam, hogy még többet felfedezhessek Esztergomból. A szállodámban elfogyasztott gyors **reggeli után** gyalog indultam el a bazilika felé. Ahogy közelebb értem, láttam, hogy még lenyűgözőbb, mint amire előző nap emlékeztem. A következő néhány órát azzal töltöttem, hogy bejártam a

Basilique d'Esztergom

La basilique d'Esztergom est un spectacle **magnifique**. C'est l'une des attractions touristiques les plus populaires de Hongrie et elle attire des gens du monde entier. La basilique est située dans la ville d'Esztergom, à environ une heure de route de Budapest. La ville est située sur le **Danube** et est connue pour ses vues imprenables. J'ai eu la chance de visiter la basilique lors de mon récent voyage en Hongrie. J'ai été subjuguée par sa **beauté** et sa grandeur. L'extérieur du bâtiment est décoré de sculptures et de statues complexes, tandis que l'intérieur est tout aussi impressionnant avec ses **colonnes** massives et ses vitraux.

J'ai même pu monter au sommet du dôme, qui offre une vue **imprenable** sur Esztergom et au-delà. Si vous passez un jour en Hongrie, n'oubliez pas d'ajouter une visite à la basilique d'Esztergom à votre itinéraire. C'est vraiment un endroit **magnifique à** ne pas manquer ! Je me suis réveillé tôt le lendemain matin, impatient d'explorer davantage Esztergom. Après un **petit-déjeuner** rapide à l'hôtel, je suis parti à pied vers la basilique. En m'approchant, j'ai pu constater qu'elle était encore plus impressionnante que dans mes

bazilika belsejét és megismertem a **történetét**.

Tudtad, hogy ez Magyarország egyik legnagyobb temploma? És hogy az építkezések egészen 1822-ben kezdődtek? Igazán elképesztő belegondolni, hogy ez a hihetetlen **épület** milyen régóta áll. Miután felfedeztem a bazilika minden egyes centiméterét, visszamentem kifelé, és körbesétáltam, hogy még egyszer szemügyre vegyem a **külsőt.** A nap éppen kezdett lenyugodni, amikor elmentem, és gyönyörű fényt vetett **mindenre**. Felejthetetlen élmény volt, amit mindig is nagy becsben fogok tartani. Ahogy visszasétáltam a szállodámba, nem tudtam megállni, hogy ne érezzek szomorúságot. A Magyarországon töltött időm a végéhez közeledett, és tudtam, hogy hiányozni fog ez a gyönyörű **ország**.

souvenirs de la veille. J'ai passé les quelques heures suivantes à visiter l'intérieur de la basilique et à me renseigner sur son **histoire**.

Saviez-vous que c'est en fait l'une des plus grandes églises de Hongrie ? Et que sa construction a commencé en 1822 ? C'est vraiment incroyable de penser à l'ancienneté de cet incroyable **bâtiment**. Après avoir exploré chaque centimètre de la basilique, je suis retourné dehors et j'ai fait le tour pour admirer l'**extérieur une** fois de plus. Le soleil commençait tout juste à se coucher lorsque je suis parti, jetant une belle lueur sur **tout**. C'était une expérience inoubliable, que je chérirai toujours. En retournant à mon hôtel, je n'ai pas pu m'empêcher de ressentir un sentiment de tristesse. Mon séjour en Hongrie touchait à sa fin et je savais que ce beau **pays** allait me manquer.

Értelmezési kérdések

1. Mi az az esztergomi bazilika?

2. Hol található az esztergomi bazilika?

3. Miről ismert Esztergom városa?

4. Mióta áll az esztergomi bazilika?

5. Hogyan néz ki a bazilika külseje?

6. Hogyan néz ki a bazilika belseje?

7. Milyen a kilátás a kupola tetejéről?

8. Mennyi ideig tartott a bazilika építése?

9. Hány óra volt, amikor a szerző elhagyta a bazilikát?

10. Mit érzett a szerző, amikor visszasétáltak a szállodába?

Questions de compréhension

1. Qu'est-ce que la basilique d'Esztergom ?

2. Où se trouve la basilique d'Esztergom ?

3. Quelle est la réputation de la ville d'Esztergom ?

4. Depuis combien de temps la basilique d'Esztergom existe-t-elle ?

5. À quoi ressemble l'extérieur de la basilique ?

6. À quoi ressemble l'intérieur de la basilique ?

7. A quoi ressemble la vue depuis le sommet du dôme ?

8. Combien de temps a-t-il fallu pour construire la basilique ?

9. Quelle heure de la journéc était-il lorsque l'auteur a quitté la basilique ?

10. Qu'a ressenti l'auteur en rentrant à pied à son hôtel ?

Piros paprika

A piros paprika mindig egy kicsit más volt, mint a **kertben** lévő többi zöldség. Nem mintha feltétlenül jobb vagy rosszabb lett volna, de egyszerűen csak megvolt a maga egyedi íze, ami megkülönböztette. A többi zöldség gyakran oldalpillantást vetett egymásra, amikor a piros paprika a közelben volt, mintha azon gondolkodtak volna, hogy mitől olyan **különleges**. Egy nap, egy különösen heves esőzés után a piros paprika eltűnt. Az összes többi zöldség mindenütt kereste, de semmi nyoma nem volt annak, hogy hová tűnhetett. Megkérdezték a **Napot** és a **Holdat**, hogy láttak-e valamit, de még ők is értetlenül álltak az eltűnése előtt. Ahogy a napokból hetek lettek, és a piros paprikának még mindig nem volt nyoma, a megmaradt zöldségek morálja kezdett megkopni. Már nem énekeltek és táncoltak úgy, mint régen; úgy tűnt, hogy minden nevetésük eltűnt a **barátjukkal együtt**.

Végül egy reggel, amikor mindannyian összegyűltek, és a veszteségüket siratták, hallották, hogy egy halk hang szólítja őket a távolból. Gyengének és fáradtnak hangzott, de nem lehetett **félreérteni**, hogy kihez tartozik - a piros paprikához! A piros paprika nagy kalandban volt része. Egy reggel arra ébredt, hogy egy furcsa, új földön találja magát, teljesen

Paprika rouge

Le paprika rouge était toujours un peu différent des autres légumes du **jardin**. Ce n'est pas qu'il était nécessairement meilleur ou pire, mais il avait tout simplement une saveur unique qui le distinguait. Les autres légumes se regardaient souvent de travers quand le paprika rouge était là, comme s'ils se demandaient ce qui le rendait si **spécial**. Un jour, après une pluie particulièrement forte, le paprika rouge a disparu. Tous les autres légumes l'ont cherché partout, mais il n'y avait aucun signe de sa disparition. Ils ont demandé au **soleil** et à la **lune** s'ils avaient vu quelque chose, mais même eux semblaient déconcertés par sa disparition. Alors que les jours se transformaient en semaines sans aucun signe du paprika rouge, le moral des légumes restants a commencé à s'effriter. Ils cessèrent de chanter et de danser comme ils le faisaient auparavant ; tous leurs rires semblaient avoir disparu en même temps que leur **ami**.

Enfin, un matin, alors qu'ils étaient tous réunis pour se lamenter sur leur perte, ils entendirent une faible voix qui les appelait de loin. Elle semblait faible et fatiguée, mais il n'y avait aucun **doute sur** son identité : c'était le paprika rouge ! Le paprika rouge avait vécu une sacrée aventure. Il s'est réveillé un matin pour se retrouver

ismeretlen **növények** és állatok között. Mindent megtett, hogy összebarátkozzon velük, de bármennyire is próbálkozott, úgy tűnt, egyikükkel sem tudott kapcsolatot teremteni. Úgy tűnt, hogy mindannyian más **nyelven** beszélnek, amit a piros paprika egyszerűen nem értett. Magányos és ijesztő volt ezen az új helyen, de nem volt hajlandó feladni a reményt. Végül, hetekig tartó keresgélés után talált egy utat, amely hazavezette. Amikor végre visszaérkezett a kertbe, ott várt rá az összes régi barátja - és nagyon örültek neki! A piros paprika ekkor döbbent rá, hogy bár kalandjai időnként messzire viszik otthonától, szerettei között mindig lesz számára egy **különleges** hely.

A piros paprika ma különösen csípősnek érezte magát. Csípős lendülettel és tűzzel a gyomrában ébredt, és nem tehetett mást, minthogy megosztotta jó hangulatát mindenkivel, akivel csak találkozott. Végigtáncolt a kertben, és minden barátját egy szívélyes "helló!" és egy széles mosollyal üdvözölte. Még a mogorva, öreg répa is, akinek soha nem volt semmi kedves mondanivalója, mosolygott, amikor a piros paprika köszöntötte. Mindenkit vonzott a ragályos **boldogsága** - lehetetlen volt nem jól érezni magad a piros paprika közelében. Ahogy kezdett leszállni az este, a piros paprika **energiája** végül kezdett elfogyni.

dans un nouveau pays étrange, complètement entouré de **plantes** et d'animaux inconnus. Il a fait de son mieux pour se lier d'amitié avec eux, mais peu importe ses efforts, il n'a pas réussi à se connecter avec eux. Ils semblaient tous parler une **langue** différente que le paprika rouge ne pouvait pas comprendre. Il se sentait seul et effrayé dans ce nouvel endroit, mais il refusait d'abandonner tout espoir. Finalement, après des semaines de recherche, il a trouvé un chemin qui menait à la maison. Lorsqu'il est enfin revenu dans le jardin, tous ses anciens amis l'attendaient et ils étaient si heureux de le voir ! Le paprika rouge comprit alors que, même si ses aventures l'amenaient parfois loin de chez lui, il y aurait toujours une place **spéciale** pour lui parmi ses proches.

Le paprika rouge se sentait très épicé aujourd'hui. Il s'était réveillé avec un zeste d'entrain et un feu dans le ventre, et il ne pouvait s'empêcher de partager sa bonne humeur avec tous ceux qu'il rencontrait. Il a dansé dans le jardin, saluant tous ses amis d'un chaleureux "bonjour !" et d'un grand sourire. Même le vieux navet grincheux qui n'avait jamais rien de gentil à dire semblait se **fendre d'un** sourire lorsque le paprika rouge lui disait bonjour. Tout le monde était attiré par son **bonheur** contagieux - il était impossible de ne pas se sentir bien quand on était près du paprika rouge. À la tombée de la nuit, l'**énergie** du paprika rouge a finalement commencé à faiblir.

Értelmezési kérdések

1. Miben különbözött a piros paprika a többi zöldségtől?

2. Miért nézett a többi zöldség féloldalasan a piros paprikára?

3. Mi történt a piros paprikával az eső után?

4. Hogyan érezte magát a piros paprika a kalandjaiban?

5. Miért volt ok az ünneplésre a piros paprika visszatérése?

6. Hogyan érezte magát mindenki a piros paprikától?

7. Mit csinál a piros paprika éjszaka?

8. Milyen hangulatban volt a piros paprika, amikor felébredt?

9. Hogyan hatott a piros paprika hangulata a többi zöldségre?

10. Mi volt a piros paprika célja a mai napra?

Questions de compréhension

1. En quoi le paprika rouge est-il différent des autres légumes ?

2. Pourquoi les autres légumes ont-ils regardé le paprika rouge de travers ?

3. Qu'est-il arrivé au paprika rouge après la tempête de pluie ?

4. Comment le paprika rouge a-t-il vécu ses aventures ?

5. Pourquoi le retour du paprika rouge était-il un tel motif de célébration ?

6. Comment le paprika rouge a-t-il fait sentir à tout le monde ?

7. Que fait le paprika rouge la nuit ?

8. De quelle humeur était le paprika rouge quand il s'est réveillé ?

9. Comment l'humeur du paprika rouge a-t-elle affecté les autres légumes ?

10. Quel était l'objectif du paprika rouge pour la journée ?

Széchenyi Gyógyfürdő

A budapesti Széchenyi Gyógyfürdőt a világ egyik legszebb és legpihentetőbb fürdőjének tartják. Egy nő számára pedig éppen a személyes paradicsommá akartak **válni**. Mindig is szeretett időt tölteni a fürdőben, de az utóbbi időben stresszesebbnek érezte magát, mint valaha. A munkája felgyülemlett, és a **társasági** élete is szenvedett emiatt. Szüksége volt egy kis pihenésre, és mi lenne jobb hely a kikapcsolódásra, mint a fürdő? Így hát összepakolta a táskáját a legszükségesebb dolgokkal - fürdőruha, törölköző, naptej -, és elindult egy napra kikapcsolódni. Amint megérkezett, érezte, hogy a feszültség elolvad a testéből. Átöltözött **fürdőruhába**, és az egyik medencébe ment. A meleg víz **mennyei** érzés volt a bőrén, és elégedetten felsóhajtott, miközben boldog nyugalomban úszott. A következő néhány órát azzal töltötte, hogy medencéről medencére járva kipróbálta a különböző hőmérsékletű és kezelésű medencéket. Mire készen állt a távozásra, már új **nőnek** érezte magát.

Bőre puha és ragyogó volt a hidratáló termékektől, izmai ellazultak, elméje pedig nyugodt és tiszta volt. Ahogy kisétált a napfényre, tudta, hogy ez egy olyan

Bains thermaux de Széchenyi

Les thermes de Széchenyi, à Budapest, comptent parmi les plus beaux et les plus relaxants du monde. Et pour une femme, ils étaient sur le point de **devenir** son paradis personnel. Elle avait toujours aimé passer du temps aux bains, mais ces derniers temps, elle se sentait plus stressée que jamais. Son travail s'accumulait et sa vie **sociale en** souffrait. Elle avait besoin d'une pause, et quel meilleur endroit pour se détendre que les bains ? Elle a donc préparé son sac avec tous les éléments essentiels - maillot de bain, serviette, crème solaire - et est partie pour une journée de détente. Dès son arrivée, elle a senti la tension se dissiper de son corps. Elle a enfilé son **maillot de bain** et s'est rendue dans l'une des piscines. L'eau chaude était **agréable** sur sa peau et elle a poussé un soupir de satisfaction en se laissant flotter dans une tranquillité bienfaisante. Elle a passé les heures suivantes à se déplacer d'une piscine à l'autre, à essayer toutes les températures et tous les traitements proposés. Au moment où elle était prête à partir, elle se sentait comme une nouvelle **femme**.

Sa peau était douce et éclatante grâce à tous les produits hydratants, ses muscles étaient détendus et

nap lesz, amelyre mindig **emlékezni fog** - egy olyan nap, amikor végre megtalálta az igazi kikapcsolódást. A nő a következő hónapokban sokszor visszatért a fürdőbe, és minden alkalommal érezte, hogy a stressz elolvad. Ez lett a boldogsága helye, egy olyan hely, ahová el tudott menni, hogy **elfelejtse** minden gondját, és csak pihenjen. És bár soha nem látta a többi fürdővendéget, tudta, hogy mindannyian ugyanazért vannak ott - hogy egy kis nyugalmat találjanak a rohanó életükben. Egy nap, amikor éppen távozni készült a fürdőből, **meghallotta, hogy** két nő egy új fürdőhelyről beszélget, amely éppen most nyílt meg. Úgy hangzott, mintha még a Széchenyi Gyógyfürdőnél is fényűzőbb lenne, és a nő nem tudta megállni, hogy ne **nézze meg**.

Amikor megérkezett, gyorsan rájött, hogy a másik fürdő semmi az ő szeretett fürdőjéhez képest. Túl **zsúfolt** volt, túl zajos, és egyáltalán nem volt pihentető. Perceken belül távozott, és megfogadta, hogy soha többé nem tér vissza. A nő még hosszú évekig látogatta a Széchenyi Gyógyfürdőt, még azután is, hogy **nyugdíjba vonult**. Ez lett a második otthona, és összebarátkozott a személyzet néhány tagjával, akik mindig emlékeztek a nevére és **mosolyogva** üdvözölték.

son esprit était calme et clair. En sortant à la lumière du soleil, elle savait que ce serait un jour dont elle **se souviendrait** toujours, un jour où elle aurait enfin trouvé la vraie détente. La femme est retournée aux bains de nombreuses fois au cours des mois suivants, et à chaque fois, elle a senti son stress fondre. C'est devenu son endroit préféré, un endroit où elle pouvait aller pour **oublier tous ses** problèmes et se détendre. Et même si elle ne voyait jamais aucun des autres clients des bains, elle savait qu'ils étaient tous là pour la même raison : trouver un peu de paix dans leur vie trépidante. Un jour, alors qu'elle s'apprêtait à quitter les bains, elle **entendit** deux femmes parler d'un nouveau spa qui venait d'ouvrir. Il semblait être encore plus luxueux que les bains thermaux de Széchenyi, et la femme n'a pas pu résister à l'envie d'**aller y faire un tour**.

Lorsqu'elle est arrivée, elle a rapidement réalisé que l'autre spa n'était rien comparé à ses bains bien-aimés. Il y avait trop **de monde**, trop de bruit, et ce n'était pas du tout relaxant. Elle est partie en quelques minutes et s'est jurée de ne jamais revenir. Cette femme a continué à fréquenter les thermes de Széchenyi pendant de nombreuses années, même après avoir pris sa **retraite**. C'est devenu sa deuxième maison, et elle s'est liée d'amitié avec certains membres du personnel qui se souvenaient toujours de son nom et la saluaient avec le **sourire**.

Értelmezési kérdések

1. Milyen a budapesti Széchenyi Gyógyfürdő?

2. Mit szeretett mindig is csinálni a nő?

3. Mi történt a nővel az utóbbi időben?

4. Mire volt szüksége a nőnek?

5. Mit csomagolt a nő a fürdőben töltött napjára?

6. Mit érzett a nő, amikor a fürdőbe ért?

7. Mit csinált az asszony, amíg a fürdőben volt?

8. Mit érzett a nő, amikor elhagyta a fürdőt?

9. Mit hallott á nő, miközben készült elhagyni a fürdőt?

10. Mit csinált a nő, ámikor megérkezett az új fürdőbe?

Questions de compréhension

1. Que sont les thermes de Széchenyi à Budapest ?

2. Qu'est-ce que la femme a toujours aimé faire ?

3. Que s'est-il passé pour la femme ces derniers temps ?

4. De quoi la femme avait-elle besoin ?

5. Qu'est-ce que la femme a emporté pour sa journée aux bains ?

6. Comment la femme s'est-elle sentie lorsqu'elle est arrivée aux bains ?

7. Que faisait la femme pendant qu'elle était aux bains ?

8. Comment la femme s'est-elle sentie à la sortie des bains ?

9. Qu'est-ce que la femme a entendu pendant qu'elle se préparait à quitter les bains ?

10. Qu'a fait la femme quand elle est arrivée au nouveau spa ?

A strandon

Napfelkelte után a hullámok hangosabbak, és a homok a dagály felett fehér. Lesétálok a partra, **csodálom** a tengert és a napot. A lábujjaim érzik a kagylók barázdáit. A homok hideg a lábujjaimon. Mosolygok és továbbmegyek. A dagály magasan áll, ezért vigyáznom kell, nehogy belehúzódjak. Végigsétálok a vízparton, és gyönyörködöm a tengerben. **Gyönyörű a** napfelkelte, és a hullámok zúgnak. Olyan békésnek érzem magam. Egy olyan helyre érek, ahol egy szikla van. Leülök és nézem a hullámokat. A víz olyan kék, az ég pedig olyan **narancssárga**. Úgy érzem magam, mintha álmodnék. Behunyom a szemem, és csak hallgatom a hullámokat. Sokáig ültem ott, amíg meg nem hallottam, hogy valaki a nevemen szólít.

Kinyitom a szemem, és látom, hogy anyám felém tart. Aggódó arckifejezéssel. Mosolygok és integetek, mire ő **megnyugszik**. "Kíváncsi voltam, hová mentél" - mondja. "Örülök, hogy jól érzed magad a tengerparton." Azt felelem: "Igen." "Olyan gyönyörű itt." "Tudom", mondja. "Amikor annyi idős voltam, mint te, mindig ide jártam." "Tényleg?" Kérdezem. "Igen", válaszolja. "Ez egy különleges hely." "Találkoztál itt valaha különleges emberrel?" Kérdezem. "Igen", válaszolja mosolyogva. "Az apáddal." "Tényleg?" Mondom **meglepődve**. "Igen",

A la plage

Après le lever du soleil, les vagues sont plus fortes et le sable au-dessus de la marée est blanc. Je marche jusqu'à la plage, **admirant** la mer et le soleil. Mes orteils sentent les rainures des coquillages. Le sable est froid sur mes orteils. Je souris et je continue. La marée est haute, alors je dois faire attention à ne pas me laisser entraîner. Je marche le long du bord de l'eau, en admirant la mer. Le lever du soleil est **magnifique**, et les vagues s'écrasent. Je me sens si paisible. J'arrive à un endroit où il y a un affleurement rocheux. Je m'assieds et je regarde les vagues. L'eau est si bleue et le ciel est si **orange**. J'ai l'impression d'être dans un rêve. Je ferme les yeux et je me contente d'écouter les vagues. Je suis restée assise pendant un long moment, jusqu'à ce que j'entende quelqu'un m'appeler.

J'ouvre les yeux et je vois ma mère marcher vers moi. Elle a un air inquiet sur le visage. Je souris et je lui fais signe, et elle **se détend**. "Je me demandais où tu étais allée", dit-elle. "Je suis contente que tu profites de la plage." Je réponds : "J'en profite." "C'est tellement beau ici." "Je sais", dit-elle. "Je venais ici tout le temps quand j'avais ton âge." "Vraiment ?" Je demande. "Ouais", répond-elle. "C'est un endroit spécial." "As-tu déjà rencontré quelqu'un de spécial ici ?" Je demande. "Oui",

mondja. "Régen mindig együtt jártunk ide. Itt szerettünk egymásba. " Mosolygok, **elképzelem, ahogy** a szüleim ezen a gyönyörű tengerparton szerelembe esnek. "Ez egy különleges hely" - ismétli meg. "Örülök, hogy ma idejöttél."

Még egy darabig ott ülünk, **nézzük** a hullámokat és a naplementét. Aztán felállunk, és visszasétálunk a strandtörülközőinkhez. Lefekszem és nézem a csillagokat. Olyan boldognak és elégedettnek érzem magam. A hullámok most már hangosabbak, és a homok hideg. A nap lenyugszik, és hűvös szellő fúj. A hullámok nekicsapódnak a partnak, és a levegőben ott van a só illata. Tökéletes este a tengerparton lenni. Sétálok a parton, **hallgatom a** hullámok zaját, és nézem a naplementét. Látom, hogy egy csapat ember ül a homokban, nevetgélnek és viccelődnek. Úgy tűnik, jól érzik magukat. Odasétálok hozzájuk, és megkérdezem, hogy csatlakozhatok-e hozzájuk. Igent mondanak, és az este hátralévő részét beszélgetéssel, nevetéssel és a **naplemente** nézésével töltjük. Tökéletes este volt. A csoporttal addig beszélgetünk, amíg a nap le nem megy. Történeteket és vicceket mesélünk, és mindannyian jól érezzük magunkat. Ahogy az éjszaka kezd leszállni, mindannyian fáradtnak érezzük magunkat. **Búcsúcsókot** adunk egymásnak, és elválnak útjaink.

répond-elle avec un sourire. "Ton père." "Vraiment ?"
Je dis, **surpris**. "Oui," dit-elle. "Nous avions l'habitude
de venir ici tout le temps ensemble. C'est là que nous
sommes tombés amoureux. " Je souris, **imaginant**
mes parents tombant amoureux sur cette magnifique
plage. " C'est un endroit spécial ", répète-t-elle. "Je suis
contente que tu sois venu ici aujourd'hui."

Nous restons assis là un moment de plus, à **regarder**
les vagues et le coucher de soleil. Puis nous nous
levons et retournons à nos serviettes de plage.
Je m'allonge et regarde les étoiles. Je me sens si
heureuse et satisfaite. Les vagues sont plus fortes
maintenant, et le sable est froid. Le soleil se couche et
une brise fraîche souffle. Les vagues s'écrasent sur le
rivage et l'odeur du sel flotte dans l'air. C'est une soirée
parfaite pour être à la plage. Je me promène le long du
rivage, en **écoutant le** bruit des vagues et en regardant
le coucher du soleil. Je vois un groupe de personnes
assises sur le sable, qui rient et plaisantent. Ils ont
l'air de passer un bon moment. Je m'approche d'eux
et leur demande si je peux les rejoindre. Ils acceptent
et nous passons le reste de la soirée à parler, à rire
et à regarder le **coucher de soleil**. C'est une soirée
parfaite. Le groupe et moi parlons jusqu'au coucher du
soleil. Nous partageons des histoires et des blagues,
et nous passons tous un bon moment. À la tombée de
la nuit, nous commençons tous à nous sentir fatigués.
Nous nous embrassons et nous nous séparons.

Értelmezési kérdések

1. Hová megy az elbeszélő, miután felébredt?

2. Mit csodál az elbeszélő, miközben a tengerparton sétál?

3. Mire kell figyelnie az elbeszélőnek, amikor a tengerparton sétál?

4. Hol ül le az elbeszélő, hogy élvezze a kilátást?

5. Mennyi ideig ül ott a narrátor?

6. Kit lát az elbeszélő, amikor újra kinyitja a szemét?

7. Mit mond az elbeszélő édesanyja?

8. Miről beszélgetnek az elbeszélő és az emberek, akikkel találkozik?

Questions de compréhension

1. Où va la narratrice après son réveil ?

2. Qu'est-ce que la narratrice admire en marchant le long de la plage ?

3. De quoi la narratrice doit-elle se méfier lorsqu'elle marche le long de la plage ?

4. Où le narrateur s'assoit-il pour profiter de la vue ?

5. Combien de temps le narrateur reste-t-il assis là ?

6. Qui la narratrice voit-elle lorsqu'elle ouvre à nouveau les yeux ?

7. Que dit la mère du narrateur ?

8. De quoi parlent la narratrice et les personnes qu'elle rencontre ?

Kempingezés a tónál

A tó felé sétálok, **csodálom a** táj békéjét. A nap rásüt a kis tóra, és a víz olyan, mintha üveglap lenne. Az egyetlen mozgás az időnkénti fodrozódás, amit egy-egy hal okoz, amelyik **megtörik** a felszínen. Úgy tűnik, még a madarak is szünetet tartanak a hőségben, csak a kabócák hangja tölti be a levegőt. A békét **hirtelen** egy hangos csobbanás töri meg. Egy nagy **hal** ugrott ki a vízből, és megpróbált elkapni egy szitakötőt. A hal célt téveszt, és egy csobbanással visszaesik a vízbe. "Hűha", gondolom magamban, "ez egy nagy hal volt!". Körülnéztem, hogy látta-e valaki más is, de senki sem volt a közelben. Azt hiszem, majd szólnom kell nekik, ha visszatérek a táborba.

A hőség **nyomasztó**, nehéz levegőt venni. A levegő sűrű és nehéz, mintha egy takaró tekeredne köréd. Az egyetlen enyhülés a vízben van. Hűvös és frissítő, mint egy hideg ital egy forró napon. Mély levegőt veszek, és belemerülök a vízbe. Azonnali megkönnyebbülést érzek, ahogy a hűvös víz körülvesz. Leúszom a fenékig, majd vissza a felszínre, érzem, ahogy a víz hűsíti a testemet. Folytatom az **úszást**, élvezem a hőségtől való megpihenést. Egy idő után kiszállok a vízből, és lefekszem a fűre, hogy a nap megszárítsa a testemet. Lehunyom a szemem, és álomba merülök,

Camping au lac

Je me dirige vers le lac, **admirant** la tranquillité de la scène. Le soleil tape sur le petit lac, faisant ressembler l'eau à une feuille de verre. Le seul mouvement est l'ondulation occasionnelle d'un poisson **brisant la** surface. Même les oiseaux semblent prendre une pause de la chaleur, avec seulement le son des cigales remplissant l'air. **Soudain**, la paix est rompue par un grand plouf. Un gros **poisson** a sauté hors de l'eau, essayant d'attraper une libellule. Le poisson rate sa cible et retombe dans l'eau avec un plouf. "Wow," je me dis, "c'était un gros poisson !". J'ai regardé autour de moi pour voir si quelqu'un d'autre l'avait vu, mais il n'y avait personne. Je suppose que je devrai leur dire quand je rentrerai au camp.

La chaleur est **oppressante**, il est difficile de respirer. L'air est épais et lourd, comme une couverture qui vous enveloppe. Le seul soulagement est dans l'eau. Elle est fraîche et rafraîchissante, comme une boisson fraîche par une journée chaude. Je prends une profonde inspiration et je plonge dans l'eau. Le soulagement est immédiat car l'eau fraîche m'entoure. Je nage jusqu'au fond, puis remonte à la surface, sentant l'eau refroidir mon corps. Je continue à **faire** des longueurs, appréciant le répit de la chaleur. Après un moment,

a **kabócák** hangja mély álomba ringat. Hagyom, hogy a nap kisüsse a vizet a bőrömből. Érzem, hogy a bőröm kipirosodik, de nem érdekel. Túl forró vagyok ahhoz, hogy törődjek vele.A következő pillanatban már lemenőben van a nap. Az ég gyönyörű narancssárga, rózsaszín és lila csíkokkal. A hőség eltűnik, helyét hűvös **szellő** veszi át.

Felkelek, és felöltözöm, felfrissülve és megfiatalodva érzem magam. Mélyet **szippantok** a hűvös levegőből, és mosolygok. Jó érzés élni. Visszasétálok a táborhelyre, és csodálom, ahogy a színek táncolnak az égen. Látom a távolban égő tábortüzet, és érzem a füstöt a levegőben. Elmosolyodom és **felgyorsítom** a lépteimet. Készen állok a pihenésre és az este hátralévő részének élvezésére. Besétálok a táborhelyre, és látom, hogy mindenki a tűz köré gyűlt. **Nevetnek** és viccelődnek, és látom, hogy a tűz tükröződik a szemükben. Elmosolyodom, és leülök a barátaim mellé. Jó újra itt lenni. Másnap reggel korán kelek, és elkezdem összepakolni a holmimat. Alig várom, hogy újra az ösvényen legyek, és folytassam az utamat. Elbúcsúzom a barátaimtól és elindulok. Menet közben még egyszer utoljára megnézem a **táborhelyet**. Látom, hogy a tűz még mindig ég a távolban, és érzem a füst szagát a levegőben. Elmosolyodom és felgyorsítom a lépteimet. Kész vagyok folytatni **az utamat.**

je sors de l'eau et je m'allonge sur l'herbe, laissant le soleil sécher mon corps. Je ferme les yeux et m'endors, le son des **cigales** me berce dans un profond sommeil. Je laisse le soleil faire sortir l'eau de ma peau. Je sens que ma peau devient rouge, mais je m'en moque. J'ai trop chaud pour m'en soucier. La prochaine chose que je sais, c'est que le soleil se couche. Le ciel est d'un bel orange, avec des traces de rose et de violet. La chaleur a disparu, remplacée par une **brise** fraîche.

Je me lève et me rhabille, me sentant rafraîchie et rajeunie. Je **respire** profondément l'air frais et je souris. C'est bon d'être en vie. Je retourne au camping, en admirant la façon dont les couleurs dansent dans le ciel. Je peux voir le feu de camp qui brûle au loin et je peux sentir la fumée dans l'air. Je souris et j'**accélère le** pas. Je suis prête à me détendre et à profiter du reste de ma soirée. J'entre dans le camping et je vois que tout le monde est rassemblé autour du feu. Ils **rient** et plaisantent, et je peux voir le feu se refléter dans leurs yeux. Je souris et m'assieds à côté de mes amis. C'est bon d'être de retour. Le lendemain matin, je me réveille tôt et je commence à préparer mes affaires. J'ai hâte de retourner sur le sentier et de poursuivre mon voyage. Je dis au revoir à mes amis et commence à m'éloigner. En marchant, je jette un dernier regard sur le **camping**. Je peux voir le feu qui brûle toujours au loin et je peux sentir la fumée dans l'air. Je souris et j'accélère le pas. Je suis prêt à poursuivre mon **voyage**.

Értelmezési kérdések

1. Hová megy a járókelő?

2. Milyen időjárás van?

3. Hogy néz ki a víz?

4. Hogyan reagál a járókelő a melegre?

5. Mit csinál a hal?

6. Miért van egyedül a járókelő?

7. Milyen érzés a víz?

8. Hogyan érzi magát a járókelő az úszás után?

9. Milyen napszakban ébred a járókelő?

10. Hová megy a járkáló, amikor elhagyja a tábort?

Questions de compréhension

1. Où va le marcheur ?

2. Quel temps fait-il ?

3. À quoi ressemble l'eau ?

4. Comment le marcheur réagit-il à la chaleur ?

5. Que fait le poisson ?

6. Pourquoi le marcheur est-il seul ?

7. Quelle est la sensation de l'eau ?

8. Comment le marcheur se sent-il après avoir nagé ?

9. A quelle heure de la journée le déambulateur se réveille-t-il ?

10. Où va le marcheur quand il quitte le camp ?

A ház

Múlt héten költöztem be az új házamba, és annyira **izgatott** vagyok! Sokkal nagyobb, mint a régi házam, és van egy nagy hátsó kertje. Alig várom már, hogy a barátaim átjöjjenek hozzánk grillezni és bulizni. A **kedvenc** részem az új hálószobám. Olyan nagy és világos, és rengeteg helyem van a dolgaimnak. Nagyon örülök az új házamnak, és azt hiszem, nagyon boldog leszek itt. Úgy döntöttem, hogy egy kicsit jobban felfedezem a házat. Felmentem a második emeletre, és elindultam a konyha felé, amikor megláttam egy nagy fekete pókot a falon! Sikoltottam és leszaladtam a földszintre. Annyira **megijedtem**! De néhány perc múlva megnyugodtam, és úgy döntöttem, hogy visszamegyek az emeletre. Lassan eljutottam a konyhába, és láttam, hogy a pók eltűnt. Annyira megkönnyebbültem! Visszamentem a földszintre, és úgy döntöttem, hogy kimegyek, hogy felfedezzem a **hátsó udvart**. Olyan nagy volt! Nem tudtam elhinni. Láttam egy hintát a sarokban és egy csúszdát. Láttam még egy kosárlabdahálót és egy **trambulin**. Annyira izgatott voltam!

Alig várom, hogy használhassam ezeket az új dolgokat. A **szomszédok** átjöttek és bemutatkoztak. Nagyon kedvesnek tűntek, és egy darabig beszélgettünk. Meghívtak a jövő hétvégi grillpartijukra, és mondtam,

La Maison

J'ai emménagé dans ma nouvelle maison la semaine dernière, et je suis si **excitée** ! Elle est tellement plus grande que l'ancienne, et elle a un grand jardin. J'ai hâte d'inviter des amis pour des barbecues et des fêtes. Ce que je **préfère,** c'est ma nouvelle chambre. Elle est si grande et lumineuse, et j'ai beaucoup d'espace pour mettre toutes mes affaires. Je suis très contente de ma nouvelle maison et je pense que je serai très heureuse ici. J'ai décidé d'explorer un peu plus la maison. Je suis monté au deuxième étage et j'ai commencé à me diriger vers la cuisine quand j'ai vu une grosse araignée noire sur le mur ! J'ai crié et j'ai couru en bas. J'avais tellement **peur** ! Mais après quelques minutes, je me suis calmée et j'ai décidé de retourner à l'étage. J'ai lentement fait mon chemin vers la cuisine et j'ai vu que l'araignée était partie. J'étais tellement soulagée ! Je suis redescendu et j'ai décidé de sortir pour explorer le **jardin**. Elle était si grosse ! Je n'arrivais pas à y croire. J'ai vu une balançoire dans le coin et un toboggan. J'ai aussi vu un filet de basket et un **trampoline**. J'étais tellement excitée!

J'ai hâte d'utiliser tous ces nouveaux trucs. Les **voisins** sont venus et se sont présentés. Ils avaient l'air très gentils, et nous avons parlé un moment. Ils m'ont invité à leur barbecue le week-end prochain, et j'ai dit que j'aimerais beaucoup venir. J'ai passé une excellente

hogy szívesen megyek. Nagyszerű volt az első hetem az új házamban, és izgatottan várom az előttem álló új kalandokat. Ma ismét felfedezőútra megyek a hátsó kertbe, és megnézem, mit találok még. Ki tudja, talán még **kincset** is találok. Alig várom, hogy lássam, mit hoz a következő hét! A következő héten ismét felfedezőútra indultam a hátsó kertben, és találtam egy **titkos** kertet. Annyira gyönyörű volt! Mindenhol virágok voltak, és egy kis tavacska, amiben halak voltak. Láttam egy hintát is, amit még nem láttam. Annyira izgatott voltam, hogy megtaláltam ezt a titkos kertet, és alig várom, hogy még jobban felfedezzem. Annyira **gyönyörű** volt!

Mindenütt virágok voltak, és egy kis tavacska, benne halakkal. Láttam egy **hintát** is, amit még nem láttam. Annyira izgatott voltam, hogy megtaláltam ezt a titkos kertet, és alig várom, hogy még jobban felfedezzem. Az új szobámat is imádtam. Olyan nagy és világos volt, és a falakon már a kedvenc zenekaraim poszterei voltak. Még saját **bútort** sem kellett hoznom, mert már volt itt egy ágy, egy komód és egy íróasztal. Ez lesz a legjobb évem! Kicsit ideges voltam, hogy egy új **iskolában** kezdek, de az összes új szomszédom nagyon barátságos volt. Még egy lánnyal is találkoztam, aki a szomszédban lakik, és azt mondta, hogy az első nap elkísér az iskolába.

première semaine dans ma nouvelle maison et j'ai hâte de vivre toutes les nouvelles aventures qui m'attendent. Aujourd'hui, je vais encore aller explorer le jardin et voir ce que je peux trouver d'autre. Qui sait, peut-être vais-je même trouver un **trésor**. J'ai hâte de voir ce que la semaine prochaine nous réserve ! La semaine suivante, je suis retourné explorer le jardin et j'ai trouvé un jardin **secret**. C'était tellement beau ! Il y avait des fleurs partout et un petit étang avec des poissons dedans. J'ai aussi vu une balançoire que je n'avais jamais vue auparavant. J'étais si excitée de trouver ce jardin secret, et j'ai hâte de l'explorer davantage. C'était tellement **beau** !

Il y avait des fleurs partout et un petit étang avec des poissons dedans. J'ai aussi vu une **balançoire** que je n'avais jamais vue auparavant. J'étais si excitée de trouver ce jardin secret, et j'ai hâte de l'explorer davantage. J'ai aussi adoré ma nouvelle chambre. Elle était si grande et lumineuse, et il y avait déjà des posters de mes groupes préférés sur les murs. Je n'ai même pas eu besoin d'apporter mes propres **meubles** car il y avait déjà un lit, une commode et un bureau. Ça va être la meilleure année de ma vie ! J'étais un peu nerveux à l'idée de commencer dans une nouvelle **école**, mais tous mes nouveaux voisins ont été si gentils. J'ai même rencontré une fille qui habite à côté et elle m'a dit qu'elle m'accompagnerait à l'école le premier jour.

Értelmezési kérdések

1. Hol él az illető?

2. Hogy tetszik az illetőnek az új házban?

3. Mi az illető kedvenc része az új házban?

4. Mit talált az illető a kertben?

5. Kik a szomszédok?

6. Hogyan érezte magát az illető az első napokban az új házban?

7. Mi a személy kedvenc része az új szobában?

8. Mit tervez a személy holnapra?

9. Mi volt a legjobb része a személy első hetének az új házban?

10. Mi minden van a személy új szobájában?

Questions de compréhension

1. Où vit la personne ?

2. Comment la personne se sent-elle dans sa nouvelle maison ?

3. Quelle est la partie de la nouvelle maison que la personne préfère ?

4. Qu'est-ce que la personne a trouvé dans le jardin ?

5. Qui sont les voisins ?

6. Comment se sont passés les premiers jours de la personne dans sa nouvelle maison ?

7. Quelle est la partie de la nouvelle pièce que la personne préfère ?

8. Qu'est-ce que la personne prévoit de faire demain ?

9. Quelle a été la meilleure partie de la première semaine de la personne dans sa nouvelle maison ?

10. Qu'y a-t-il dans la nouvelle chambre de la personne ?

A vonaton

Rohantam a vasútállomásra, de elkéstem. A vonat már elindult nélkülem. Olyan **dühösnek** és **csalódottnak** éreztem magam. Azt terveztem, hogy vonattal meglátogatom a vidéken élő nagyszüleimet, de most egy egész órát kellett várnom a következő vonatra. Úgy döntöttem, inkább sétálok egy kicsit a városban, és megpróbáltam elfelejteni az elszalasztott lehetőséget. Ahogy sétáltam, elkezdtem **álmodozni arról a** sok helyről, ahová a **vonatokkal** el lehet jutni. Hirtelen már nem is voltam olyan ideges. Visszamentem az állomásra, és nem tudtam nem észrevenni a nagy piros-fehér-kék mozdonyt, amely felém robogott. Csak amikor meglátom, hogy a **kalauz** integet nekem az ablakból, akkor jövök rá, hogy ez a vonat nekem szól. Felszállok a vonatra, megtalálom a helyem, és elhelyezkedem a hosszúnak ígérkező útra.

Ahogy kihajtunk az állomásról, nem tehetek róla, de azon tűnődöm, hová fog ez a vonat vinni. Zöld **mezőkön** és kék folyókon át, hegyek és völgyek mellett, nem lehet tudni, hová fog ez az öreg vonat vezetni. Ahogy az éjszaka kezd leszállni, **békés** álomba merülök, amit a síneken haladó kocsik **ritmikus** mozgása nyugtat meg. Amikor újra eljön a reggel, kinyitom a szemem, és azt látom, hogy egy

Dans le train

J'ai couru jusqu'à la gare, mais c'était trop tard. Le train était déjà parti sans moi. Je me suis sentie tellement **en colère** et **déçue** de moi-même. J'avais prévu de prendre le train pour rendre visite à mes grands-parents qui vivent à la campagne, mais maintenant je devais attendre le prochain train pendant une heure entière. J'ai décidé de me promener un peu dans la ville à la place et j'ai essayé d'oublier cette occasion manquée. En marchant, j'ai commencé à **rêver à** tous les endroits où le **train** peut vous emmener. Soudain, je n'étais plus aussi contrariée. Je suis retourné dans la gare et je n'ai pu m'empêcher de remarquer la grande locomotive rouge, blanche et bleue qui se dirigeait vers moi. Ce n'est que lorsque je vois le **conducteur** me faire signe par la fenêtre que je réalise que ce train est pour moi. Je monte dans le train et trouve mon siège, m'installant pour ce qui promet d'être un long voyage.

Alors que nous sortons de la gare, je ne peux m'empêcher de me demander où ce train va m'emmener. À travers des **champs** verts et des rivières bleues, en passant par des montagnes et des vallées, on ne sait pas où ce vieux train va aller. À la tombée de la nuit, je m'endors **paisiblement**, bercé par le mouvement **rythmique** des wagons sur les rails en contrebas. Quand le matin revient, j'ouvre les yeux

kisvárosba érkeztünk valahol a semmi közepén. A nap épp csak kibukkan a horizont mögül, amikor a helyiek elkezdenek nyüzsögni a Fő utcán; úgy néz ki, mint bármelyik másik nap, kivéve egy dolgot - a városháza közelében egy nagy tábla van kifüggesztve, amelyen az áll: "Üdvözöljük a fedélzeten!" Úgy tűnik, ez a kisváros már várt minket, pedig mi csak egy közönséges személyvonat vagyunk, amely másfelé tart. Ahogy ismét magunk mögött hagyjuk a várost, és tovább zötykölődünk, ki tudja, merre tovább, mosolygok a barátságos arcokon, amelyek búcsút intenek a kis házakból, amelyek a **szántóföldek** között állnak - tényleg elképesztő, hogy egy ilyen látszólag hétköznapi dolog mennyi örömet tud okozni pusztán azzal, hogy átutazunk. És persze ott vannak a **gyerekek**.

Kihajolok a mozdony ablakán. Mindig olyan boldoggá tesznek ragyogó szemükkel és széles vigyorukkal. Energikusan visszaintegetek nekik, mielőtt visszatérek a **kabinomba,** és helyet foglalok. Már így is hosszú nap volt, de még nincs vége, még van néhány óra, amíg elérjük a **végállomásunkat**. Előveszem a könyvemet, és olvasni kezdek, hagyom, hogy a vonat ritmikus ringatózása békés állapotba ringasson.

pour constater que nous sommes arrivés dans une petite ville quelque part au milieu de nulle part. Le soleil pointe à peine à l'horizon et les habitants commencent à s'agiter dans la rue principale ; c'est un jour comme les autres ici, à l'exception d'une chose : il y a un grand panneau près de l'hôtel de ville qui dit "Bienvenue à bord". Il semble que cette petite ville nous attendait, même si nous ne sommes qu'un train de **voyageurs** ordinaire qui passe par là pour aller ailleurs. Alors que nous laissons la ville derrière nous une fois de plus, en direction d'on ne sait où, je souris à tous les visages amicaux qui nous saluent depuis ces petites maisons nichées au milieu des **terres agricoles - c**'est vraiment étonnant de voir comment quelque chose d'apparemment si ordinaire peut apporter tant de joie simplement en passant par là. Et puis, bien sûr, il y a les **enfants**.

Je me penche par la fenêtre de ma locomotive. Ils me rendent toujours si heureux avec leurs yeux brillants et leurs grands sourires. Je leur fais un signe de la main énergique avant de retourner dans ma **cabine** et de m'asseoir. La journée a déjà été longue, mais elle n'est pas encore terminée ; il reste encore quelques heures avant d'atteindre notre **destination** finale. Je sors mon livre et commence à lire, laissant le balancement rythmique du train me bercer dans un état paisible.

Értelmezési kérdések

1. Hová megy a vonat?

2. Ki utazik a vonaton?

3. Mikor indul a vonat?

4. Hogyan jut fel a főhős a vonatra?

5. Honnan jön a vonat?

6. Hová megy a vonat legközelebb?

7. Mikor érkeztek az utasok?

8. Mit érez a főhős, amikor lekési a vonatot?

9. Hogyan reagál a mozdonyvezető, amikor meglátja a főhőst?

10. Miért szereti a főhős a vonatokat?

Questions de compréhension

1. Où va le train ?

2. Qui voyage dans le train ?

3. Quand le train part-il ?

4. Comment le protagoniste monte-t-il dans le train ?

5. D'où vient le train ?

6. Où le train va-t-il ensuite ?

7. Quand les passagers sont-ils arrivés ?

8. Que ressent le protagoniste lorsqu'il rate le train ?

9. Comment le conducteur du train réagit-il lorsqu'il voit le protagoniste ?

10. Pourquoi le protagoniste aime-t-il les trains ?

Főzés vacsora

Most délután 5 óra van, és hazafelé sétálok a munkából. **Alig vá**rom, hogy nyugodt estét tölthessek otthon a párommal. Együtt főzünk vacsorát, aztán az este hátralévő részében csak pihenünk. Jó érzés tudni, hogy ma **este nincsenek** terveim vagy kötelezettségeim. Hazaérek, és a párom már a konyhában van, és elkezdi elkészíteni a vacsoránkat. **Csodálatos** illat van itt! Főzés közben beszélgetünk, felidézzük egymás napjait, és megosztjuk egymással a munkánkkal kapcsolatos apró történeteket. A konyha a kedvenc helyiségem a lakásunkban. Imádok főzni, és különösen szeretek a párommal együtt főzni. Mindig olyan jól érezzük magunkat itt, nevetünk és viccelődünk, miközben viharosan főzünk. Ráadásul az ételek mindig **hihetetlenek, amikor együtt** dolgozunk.

Ma este az egyik kedvenc receptemet készítjük: parmezános **csirkét. A** párom a csirke panírozásával kezdi, míg én a **tűzhelyen** felforralom a szószt. Úgy dolgozunk együtt, mint egy jól olajozott gépezet, és nemsokára kész a vacsora. Leülünk a kis konyhaasztalunkhoz, **tányérokat** halmozunk fel parmezános csirkével, tésztával és salátával. Koccintunk a poharakkal, és megesszük az első falatot - és ez **mennyei!** A csirke kívül ropogós, de

Cuisiner le dîner

Il est 17 heures et je rentre à pied du travail. J'ai **hâte** de passer une soirée tranquille à la maison avec mon partenaire. Nous allons préparer le dîner ensemble et nous détendre pour le reste de la nuit. C'est agréable de savoir que je n'ai aucun projet ni aucune obligation ce **soir**. J'arrive à la maison et mon partenaire est déjà dans la cuisine, en train de préparer notre dîner. Ça sent **très bon** ici ! Nous bavardons tout en cuisinant, prenant des nouvelles de nos journées respectives et partageant des petites histoires de nos vies professionnelles. La cuisine est ma pièce préférée dans notre appartement. J'adore cuisiner, et j'aime particulièrement cuisiner avec mon partenaire. Nous passons toujours un bon moment ici, à rire et à plaisanter pendant que nous cuisinons. De plus, la nourriture est toujours **incroyable** lorsque nous travaillons **ensemble**.

Ce soir, nous faisons l'une de mes recettes préférées : le **poulet au** parmesan. Mon partenaire commence par paner le poulet pendant que je fais mijoter la sauce sur la **cuisinière**. Nous travaillons ensemble comme une machine bien huilée, et en peu de temps, le dîner est prêt à être servi. Nous nous asseyons à notre petite table de cuisine avec des **assiettes** remplies de poulet

belül szaftos; a szósz ízletes és tökéletes; a tészta al dente főtt... ma este minden teljesen tökéletes ízű. Mindketten tudjuk, hogy ez egyike volt azoknak az estéknek, amikor minden tökéletesen összeállt, miközben **ízlelgetjük a** finom étel minden egyes falatját. Az íze még jobb volt, mint az illata - ami rohadt jó volt! Viszonylag gyorsan befejezzük az étkezést, mivel egyikünk sem különösebben éhes ma, de nem sietjük el, hogy még néhány **pohár** bort élvezzünk, miközben könnyedén beszélgetünk erről-arról a témáról. Vacsora után gyorsan kitakarítunk együtt, majd átvonulunk a nappaliba, ahol a kanapén **összebújva** töltünk egy kis időt tévénézés közben.

Olyan jó érzés egymás közelében lenni egy hosszú, külön töltött **munkanap** után. Elégedettnek érzem magam. Annak ellenére, hogy nem volt egy eseménydús esténk, jó volt csak egy kis időt együtt tölteni anélkül, hogy el kellett volna hagynunk a házat. Megnéztünk egy filmet, és korán lefeküdtünk, **elégedettek voltunk az** egyszerű éjszakánkkal. Ez lett az egyik **kedvenc programunk azokon az** estéken, amikor nem akarunk kimozdulni - csak pihenünk otthon, és élvezzük egymás társaságát egy házi készítésű étel mellett.

au parmesan, de pâtes et de salade. Nous faisons tinter les verres et prenons notre première bouchée - et c'est **divin** ! Le poulet est croustillant à l'extérieur mais juteux à l'intérieur ; la sauce est savoureuse et parfaite ; les pâtes sont cuites al dente... tout a un goût absolument parfait ce soir. Nous savons tous les deux que c'était l'une de ces nuits où tout s'est parfaitement réuni alors que nous **savourons** chaque bouchée de notre délicieux repas. Le goût était encore meilleur que l'odeur, qui était sacrément bonne ! Nous terminons notre repas assez rapidement car aucun de nous n'a particulièrement faim aujourd'hui, mais nous prenons notre temps en dégustant quelques **verres** de vin supplémentaires tout en discutant légèrement de tel ou tel sujet. Après le dîner, nous nettoyons rapidement ensemble et passons au salon, où nous passons un moment à **nous câliner** sur le canapé en regardant la télévision.

C'est tellement agréable d'être près l'un de l'autre après une longue journée de **travail** séparé. Je me sens satisfaite. Même si la soirée n'a pas été très animée, c'était agréable de passer du temps ensemble sans avoir à quitter la maison. Nous avons regardé un film et nous nous sommes couchés tôt, **satisfaits** de notre simple soirée. C'est devenu l'une de nos activités **préférées** les soirs où nous n'avons pas envie de sortir - se détendre à la maison et profiter de la compagnie de l'autre autour d'un repas fait maison.

Értelmezési kérdések

1. Honnan származik a narrátor?

2. Mit csinál az elbeszélő munka után?

3. Mit eszik az elbeszélő vacsorára?

4. Miért szereti az elbeszélő a konyhát?

5. Milyen ételt főz a házaspár?

6. Mit érez az elbeszélő az este végén?

7. Mi a pár kedvenc elfoglaltsága?

8. Mit csinál a pár, amikor elfárad?

9. Hol alszanak?

10. Miért szeret az elbeszélő otthon maradni?

Questions de compréhension

1. D'où vient le narrateur ?

2. Que fait le narrateur après le travail ?

3. Que mange le narrateur pour le dîner ?

4. Pourquoi le narrateur aime-t-il la cuisine ?

5. Quel genre de plat le couple cuisine-t-il ?

6. Que ressent le narrateur à la fin de la soirée ?

7. Quelle est l'activité préférée du couple ?

8. Que fait le couple quand il est fatigué ?

9. Où dorment-ils ?

10. Pourquoi le narrateur aime-t-il rester à la maison ?

Hazasétálok

Békés este volt, ahogy hazafelé sétáltam a munkából. Ahogy mentem, nem tudtam megállni, hogy ne mosolyogjak az emlékeken. Jó érzés volt újra a régi környékemen lenni. Integettem néhány ismerősömnek, és ők visszaintegettek. Jó volt otthon lenni. Elsétáltam a régi iskolám mellett, és **eszembe jutott az a** sok jó idő, amit a barátaimmal töltöttem. Mindig együtt sétáltunk haza, és beszélgettünk a napunkról. **Néha** megálltunk fagyizni, vagy elmentünk a parkba. Azok voltak a legjobb idők. Hiányoznak azok az idők. De most már saját családom van, és boldog vagyok az életemmel. Örülök, hogy visszatekinthetek ezekre az emlékekre és mosolyoghatok. Ezek az életem olyan részei, amelyeket mindig is nagyra fogok tartani. Azok voltak a legjobb idők. Hiányoznak azok az idők. De most már saját családom van, és boldog vagyok az életemmel. Örülök, hogy visszatekinthetek ezekre az **emlékekre** és mosolyoghatok. Olyan részei az életemnek, amelyeket mindig is nagyra fogok tartani.

Tovább sétálok, és a barátaimmal töltött szép időkre gondolok. Tudom, hogy hamarosan újra látom őket. Elindulok hazafelé, és úgy döntök, hogy egy közeli parkon keresztül sétálok. A nap már lemenőben van, és az ég **gyönyörű** narancssárga színűre változik. A

Walking Home

C'était une nuit **paisible** alors que je rentrais du travail. En marchant, je ne pouvais m'empêcher de sourire aux souvenirs. C'était bon d'être de retour dans mon ancien quartier. J'ai salué quelques personnes que je connaissais, et elles m'ont salué en retour. C'était bon d'être chez soi. Je suis passé devant mon ancienne école et je **me suis souvenu de** tous les bons moments que j'ai passés avec mes amis. On rentrait toujours ensemble à la maison et on parlait de notre journée. **Parfois,** on s'arrêtait pour acheter une glace ou aller au parc. C'était les meilleurs moments. Ces moments me manquent. Mais maintenant, j'ai ma propre famille et je suis heureuse de ma vie. Je suis heureux de pouvoir repenser à ces souvenirs et de sourire. Ils font partie de ma vie et je les chérirai toujours. C'était les meilleurs moments. Ils me manquent. Mais maintenant, j'ai ma propre famille et je suis heureux de ma vie. Je suis heureux de pouvoir repenser à ces **souvenirs** et de sourire. Ils font partie de ma vie et je les chérirai toujours.

Je continue à marcher, en pensant aux bons moments que j'ai passés avec mes amis. Je sais que je les reverrai bientôt. Je me dirige vers ma maison et décide de me promener dans un parc à proximité. Le soleil se

park üres, kivéve néhány madár csicsergését a fák között. Veszek egy mély **lélegzetet** és elmosolyodom. Ahogy sétálok a parkban, látom, hogy egy hullócsillag szeli át az eget. Kívánok valamit a csillagnak, és tovább sétálok. A munkahelyi napomra gondolok, és arra, hogy milyen **békés** volt. Mosolygok magamban, és arra gondolok, milyen szerencsés vagyok, hogy ilyen remek munkám van. Hazasétálok, **érzem** a hűvös éjszakai levegőt a bőrömön. Olyan élőnek és boldognak érzem magam, csak élvezem az egyszerű tettet, hogy hazasétálok egy békés éjszakán.
Olyan jól éreztem magam, hogy **fütyörészni** kezdtem. Elsétáltam néhány ember mellett az utcán, de mindenki a saját dolgával törődött.

Befordultam az utcámba, és megláttam a szomszéd macskáját, Mr. Whiskers-t, aki a verandámon ült. Köszöntem neki, és ő visszanyávogott. **Kinyitottam az** ajtót, és bementem. Annyira boldog voltam, hogy otthon vagyok. Levettem a cipőmet és lefekvéshez készülődtem. Aznap este boldogan és hálásan feküdtem le, a szívem tele volt szeretettel. Egész éjjel nyugodtan aludtam, nem aggódtam semmi miatt. Felébredtem pihentető álmomból, és az ablakomon besütő nap **fogadott.** Kikeltem az ágyból, kinyújtóztam, vettem egy mély lélegzetet, és éreztem, ahogy a hűvös levegő kitölti a tüdőmet.

couche et le ciel prend une **belle** couleur orange. Le parc est vide, à l'exception de quelques oiseaux qui gazouillent dans les arbres. Je prends une profonde **inspiration** et je souris. Alors que je marche dans le parc, je vois une étoile filante traverser le ciel. J'ai fait un vœu sur cette étoile et j'ai continué à marcher. Je pense à ma journée de travail et au **calme qui** y régnait. Je souris à moi-même, en pensant à la chance que j'ai d'avoir un si bon travail. Je rentre chez moi, en **sentant l'**air frais de la nuit sur ma peau. Je me sens si vivante et heureuse, profitant du simple fait de rentrer chez moi par une nuit paisible. Je me sentais si bien que j'ai commencé à **siffler**. Je suis passé devant quelques personnes dans la rue, mais elles s'occupaient toutes de leurs affaires.

J'ai tourné le coin de ma rue et j'ai vu le chat de mon voisin, M. Whiskers, assis sur mon porche. Je lui ai dit bonjour et il miaulait en retour. J'ai **déverrouillé** ma porte et je suis entrée. J'étais si heureuse d'être chez moi. J'ai enlevé mes chaussures et me suis préparée pour aller me coucher. Je me suis couchée ce soir-là, heureuse et reconnaissante, le cœur plein d'amour. J'ai dormi profondément toute la nuit, sans me soucier de rien. Je me suis réveillée d'un sommeil réparateur et j'ai été **accueillie** par le soleil qui brillait à travers ma fenêtre. Je suis sorti du lit et me suis étiré, prenant une profonde inspiration et sentant l'air frais remplir mes poumons.

Értelmezési kérdések

1. Mit csinált a főszereplő, amikor a történet elkezdődött?

2. Mire gondolt a főhős, amikor hazafelé tartott?

3. Mit szokott a főhős a barátaival csinálni iskola után?

4. Mi hiányzik a főhősnek azokból az időkből?

5. Mit gondol a főhős a jelenlegi életéről?

6. Mit tesz a főhős, amikor hullócsillagot lát?

7. Mit érez a főhős, amikor hazafelé tart?

8. Mit csinál a főhős, amikor hazaérnek?

9. Mit érez a főszereplő, amikor másnap reggel felébred?

10. Mit csinál a főhős másnap?

Questions de compréhension

1. Que faisait le protagoniste au début de l'histoire ?

2. À quoi le protagoniste a-t-il pensé en rentrant chez lui ?

3. Qu'est-ce que le protagoniste avait l'habitude de faire avec ses amis après l'école ?

4. Qu'est-ce que le protagoniste regrette de cette époque ?

5. Que pense le protagoniste de sa vie actuelle ?

6. Que fait le protagoniste lorsqu'il voit une étoile filante ?

7. Que ressent le protagoniste lorsqu'il rentre à pied chez lui ?

8. Que fait le protagoniste lorsqu'il rentre chez lui ?

9. Que ressent le protagoniste lorsqu'il se réveille le lendemain matin ?

10. Que fait le protagoniste le lendemain ?

A kastély

A család mindig is szeretett volna meglátogatni egy régi **németországi** kastélyt, és végül el is utaztak. Nem **csalódtak**. A kastély gyönyörű volt, és élvezték a sok szoba és folyosó felfedezését. Az első dolog, ami megfogta őket, az a szag volt. **Penészt**, nedvességet és valami mást is találtak, amit nem tudtak pontosan meghatározni. A második dolog a hangok voltak. A kőfalak vastagok, de nem tompítják teljesen a hangokat. Hallottak minden lépést, minden normális hangon kimondott szót, és a víz időnkénti csöpögését **valahol a** távolban. Ahogy a szemük alkalmazkodott a halvány fényhez, hatalmas kőfalakat láttak maguk körül, amelyekről **foszlott** foszlányokban lógtak a kárpitok. Egy hatalmas teremben álltak, amelynek magas mennyezetét faragott oszlopok támasztották alá. A tornyokból nyíló kilátás is tetszett nekik, és a gyerekek nagyon jól érezték magukat a terepen futkározva. A **nap már** kezdett lenyugodni, mire befejezték a kastély felfedezését, és sajnálták, hogy nem hoztak magukkal **zseblámpát**. Úgy döntöttek, hogy visszamennek a bejárathoz, de hamarosan eltévedtek. Óráknak tűnő ideig bolyongtak, míg végül egy ajtóra bukkantak, amely kifelé vezetett. Továbbmentek, amíg a folyosó végére nem **értek,** és egy impozáns, kétszárnyú ajtóhoz értek. Bárhogy is próbálkoztak, az ajtók nem mozdultak.

Le château

La famille avait toujours voulu visiter un vieux château en **Allemagne**, et elle a finalement fait le voyage. Ils n'ont pas été **déçus**. Le château était magnifique, et ils ont pris plaisir à explorer ses nombreuses pièces et couloirs. La première chose qui les frappe est l'odeur. Ils ont trouvé de la **moisissure**, de l'humidité et quelque chose d'autre qu'ils n'ont pas réussi à identifier. La deuxième chose a été le son. Les murs de pierre sont épais, mais ils n'étouffent pas complètement le son. Ils ont entendu chaque pas, chaque mot prononcé d'une voix normale, et le goutte-à-goutte occasionnel de l'eau **quelque part** au loin. Lorsque leurs yeux se sont adaptés à la faible lumière, ils ont vu des murs de pierre massifs se dresser tout autour d'eux, des tapisseries en **lambeaux y étant** suspendues. Ils se tenaient dans un immense hall avec un haut plafond soutenu par des piliers sculptés. Ils ont également aimé les vues depuis les tourelles, et les enfants ont eu beaucoup de plaisir à courir dans le parc. Le **soleil** avait commencé à se coucher lorsqu'ils ont fini d'explorer le château, et ils ont regretté de ne pas avoir apporté de **lampe de poche**. Ils ont décidé de retourner à l'entrée, mais ils se sont vite perdus. Ils errent pendant des heures, jusqu'à ce qu'ils trouvent enfin une porte qui mène à l'extérieur. Ils ont continué jusqu'à ce qu'ils **atteignent le** bout du

Baljósan zörögtek, de egy centit sem mozdultak. Úgy tűnt, hogy bárki is járt itt korábban, biztos itt ment át, és belülről bezárta őket. Végül megtalálják a kijáratot. Megkönnyebbülés öntötte el őket, ahogy kiléptek a hűvös éjszakai levegőre.

A nap már kezdett lenyugodni, és **sajnálták, hogy** nem hoztak magukkal zseblámpát. Úgy döntöttek, hogy visszamennek a bejárathoz, de hamarosan eltévedtek. Óráknak tűnő ideig bolyongtak, míg végül egy ajtóra bukkantak, amely **kifelé** vezetett. Megkönnyebbülés töltötte el őket, amikor kiléptek a hűvös éjszakai levegőre. Másnap este mindenképpen vittek magukkal zseblámpát, amikor felfedezték a kastély többi részét. Végigsétáltak az **udvaron**, és lementek a folyóhoz, amely a várfalak mögött folyt. Ahogy sétáltak, furcsa hangokat kezdtek hallani. Úgy hangzott, mintha valaki követné őket. Felgyorsították a lépteiket, de a zajok egyre hangosabbak és közelebb jöttek. A család visszaszaladt a kastélyba, amilyen gyorsan csak tudott, és megkönnyebbülten látták, hogy a **sötét** köpenyes alak nem követte őket.

couloir et arrivent à une imposante série de doubles portes. Ils ont beau essayer, les portes ne bougent pas. Elles cliquettent **sinistrement** mais ne bougent pas d'un pouce. On dirait que celui qui était ici avant a dû passer par là et les verrouiller de l'intérieur. Finalement, ils ont trouvé un moyen de sortir. Le soulagement les envahit alors qu'ils sortent dans l'air frais de la nuit.

Le soleil avait commencé à se coucher, et ils **regrettaient de ne pas avoir** apporté de lampe de poche. Ils ont décidé de retourner à l'entrée, mais ils se sont vite perdus. Ils ont erré pendant ce qui leur a semblé être des heures, jusqu'à ce qu'ils trouvent enfin une porte qui menait à **l'extérieur**. Le soulagement les a envahis alors qu'ils sortaient dans l'air frais de la nuit. Le lendemain soir, ils ont pris soin d'emporter une lampe de poche pour explorer le reste du château. Ils ont traversé la **cour** et sont descendus jusqu'à la rivière qui coulait derrière les murs du **château**. Alors qu'ils se promenaient, ils ont commencé à entendre des bruits étranges. On aurait dit que quelqu'un les suivait. Ils accélèrent le pas, mais les bruits deviennent plus forts et plus proches. Les membres de la famille courent vers le château aussi vite qu'ils le peuvent, et ils sont soulagés de voir que la silhouette au manteau **sombre** ne les a pas suivis.

Értelmezési kérdések

1. Mit csinált a család, amikor eltévedtek a kastélyban?

2. Mit érzett a család, amikor kiderült, hogy csak egy helyi férfi volt?

3. Mit tett a férfi, amiért letartóztatták?

4. Milyen ítéletet kapott a férfi?

5. Milyen zajt hallott a család séta közben?

6. Hol volt a sötét köpenyes alak, amikor a család meglátta?

7. Mit csinált a család, amikor visszatértek a szobájukba?

8. Mikor ment a család újra felfedezni a kastélyt?

9. Mi volt az a dolog, amire a család nem tudott rájönni?

10. Mit csinált a család, mielőtt újra felfedezték a kastélyt?

Questions de compréhension

1. Qu'a fait la famille lorsqu'elle s'est perdue dans le château ?

2. Comment la famille s'est-elle sentie quand elle a découvert que c'était juste un homme du coin ?

3. Qu'a fait l'homme qui a été arrêté ?

4. Quelle a été la sentence pour cet homme ?

5. Quel bruit la famille a-t-elle entendu pendant qu'elle marchait ?

6. Où était le personnage au manteau sombre quand la famille l'a vu ?

7. Qu'a fait la famille en rentrant dans sa chambre ?

8. Quand la famille est-elle repartie explorer le château ?

9. Quelle était la chose sur laquelle la famille n'arrivait pas à mettre le doigt ?

10. Qu'a fait la famille avant de retourner explorer le château ?

Az én kertem

A kertem a boldogságom helyszíne. Minden nap kimegyek oda, akár esik, akár fúj, és időt töltök a növényeim gondozásával. **Mindenből** van egy kicsit - **zöldség**, gyümölcs, virág, fűszernövény. Még néhány csirkém is van, amelyek segítenek távol tartani a kártevőket. A kertben töltött napjaimat azzal kezdem, hogy tojást gyűjtök a csirkéktől. Aztán ellenőrzöm a zöldségeimet, hogy kapnak-e elég vizet és napot. Gyomlálom az ágyásokat, és leszedem a növényeket **megtámadó** bogarakat. Miután **mindenről gondoskodtam**, hátradőlök, és élvezem a természet békéjét és nyugalmát.

Mindig is szerettem időt tölteni a kertemben. Van valami abban, hogy körülvesz a természet és minden **szépség, amit** kínál. Nagyon békés és megnyugtató helynek tartom. Gyakran töltök időt a kertemben, csak pihenek és élvezem a tájat. Szeretek a kertben dolgozni és termeszteni is. Elég nagy kertem van, és szeretek **sokféle** dolgot termeszteni benne. Virágokat, **zöldségeket** és fűszernövényeket termesztek. Van néhány gyümölcsfám is, amelyek finom almát, körtét és szilvát teremnek. A termesztésen kívül szívesen töltöm az időt azzal is, hogy csak sétálok a kertemben, és **csodálom a** különböző növényeket és állatokat,

Mon jardin

Mon jardin est mon coin de paradis. J'y vais tous les jours, qu'il pleuve ou qu'il vente, et je passe du temps à m'occuper de mes plantes. J'ai un peu de **tout** : **légumes**, fruits, fleurs, herbes. J'ai même quelques poules qui m'aident à tenir les parasites à distance. Je commence mes journées dans le jardin en ramassant les œufs des poules. Puis je vérifie que mes légumes reçoivent suffisamment d'eau et de soleil. Je désherbe les plates-bandes et j'élimine les insectes qui pourraient **attaquer** les plantes. Une fois que **tout est** fait, je m'assois et je profite de la paix et du calme de la nature.

J'ai toujours aimé passer du temps dans mon jardin. Il y a quelque chose dans le fait d'être entouré par la nature et toute la **beauté qu**'elle a à offrir. Je trouve que c'est un endroit très paisible et apaisant. Je passe souvent du temps dans mon jardin à me détendre et à profiter du paysage. J'aime aussi travailler dans mon jardin et faire pousser des choses. J'ai un jardin d'assez bonne taille et j'aime y faire pousser toutes **sortes** de choses. Je fais pousser des fleurs, des **légumes** et des herbes aromatiques. J'ai aussi quelques arbres fruitiers qui produisent de délicieuses pommes, poires et prunes. En plus de faire pousser des choses, j'aime aussi passer du temps à me promener dans mon jardin,

amelyek otthont adnak neki. Az évek során sok
órát töltöttem azzal, hogy a **kertemet olyan** hellyé
alakítsam, amely nemcsak szép, hanem funkcionális
is. Szeretem nézni a madarakat, ahogyan röpködnek
és hallgatni az éneküket. Néha még egy könyvet is
előveszek, és olvasok a kertben, miközben körülvesz
az általam létrehozott szépség. A **kertészkedés a**
szenvedélyem, és nagyon sok örömet okoz nekem.
Minden nap a kertemben egy jó nap.

Az egyik dolog, amit szeretek csinálni, az a főzés, ezért
egy jól felszerelt fűszerkert nagyon **fontos** számomra.
Kakukkfű, bazsalikom, oregánó, rozmaring, zsálya és
levendula csak néhány azok közül a fűszernövények
közül, amelyeket szívesen termesztek a kertemben,
hogy felhasználhassam őket, amikor magamnak
vagy **vendégeimnek** főzök. A másik dolog, ami
fontos számomra a kertemmel kapcsolatban, hogy
biztosítsam, hogy sok szín legyen benne. Ennek
érdekében sokféle virágot termesztek, többek között
rózsát, liliomot, százszorszépet, tulipánt, impatiens-t,
körömvirágot stb. Amellett, hogy a virágokkal színt
adok a kertnek, a különböző **textúrák** használatával
is szeretem érdekessé tenni azt. Például páfrányokat
ültetek a magasra törő napraforgók alá, vagy hostákat
a tüskés díszfüvek **mellé.** Nem számít, mi történik
az életben, a kertben végzett munka mindig segít
abban, hogy jobban kapcsolódjak a természethez és
megbékéljek önmagammal.

à **admirer** toutes les plantes et tous les animaux qui y vivent. J'ai passé de nombreuses heures au fil des ans à faire de mon **jardin** un endroit non seulement beau mais aussi fonctionnel. J'aime regarder les oiseaux voltiger et les écouter chanter. Parfois, je sors même un livre et je lis dans le jardin, entourée de toute la beauté que j'ai créée. Le **jardinage** est ma passion et il m'apporte tant de joie. Chaque jour dans mon jardin est un bon jour.

L'une des choses que j'aime faire, c'est cuisiner. Il est donc très **important pour moi d'**avoir un jardin d'herbes aromatiques bien garni. Le thym, le basilic, l'origan, le romarin, la sauge et la lavande sont quelques-unes des herbes que j'aime faire pousser dans mon jardin pour pouvoir les utiliser lorsque je prépare des repas pour moi ou pour mes **invités**. Une autre chose qui est importante pour moi quand il s'agit de mon jardin, c'est de m'assurer qu'il y a beaucoup de couleurs dans tout le jardin. Pour atteindre cet objectif, je cultive une grande variété de fleurs, notamment des **roses**, des lys, des marguerites, des tulipes, des impatiens, des soucis, etc. En plus d'ajouter de la couleur avec les fleurs, j'aime aussi ajouter de l'intérêt en utilisant différentes **textures** dans le jardin. Par exemple, je peux planter des fougères sous des tournesols imposants ou des hostas à **côté de** graminées ornementales hérissées.

Értelmezési kérdések

1. Hol van a szerző kertje?

2. Hány csirkéje van a szerzőnek?

3. Mit csinál a szerző minden nap a kertben?

4. Miért szereti a szerző a kertet?

5. Milyen gyógynövényeket ültet a szerző a kertben?

6. Miért fontos a szerzőnek, hogy sok szín van a kertjében?

7. Hogyan teszi változatossá a szerző a kertjét?

8. Mit érez a szerző, amikor a kertjében dolgozik?

9. Mitől érzi magát a szerző összekötve, amikor a kertjében van?

10. Miért jó nap minden nap a szerző kertjében?

Questions de compréhension

1. Où se trouve le jardin de l'auteur ?

2. Combien de poulets l'auteur possède-t-il ?

3. Que fait l'auteur dans le jardin tous les jours ?

4. Pourquoi l'auteur aime-t-il le jardin ?

5. Quelles herbes l'auteur plante-t-il dans le jardin ?

6. Pourquoi est-il important pour l'auteur qu'il y ait beaucoup de couleurs dans son jardin ?

7. Comment l'auteur apporte-t-il de la variété à son jardin?

8. Que ressent l'auteur lorsqu'il travaille dans son jardin?

9. Qu'est-ce qui fait que l'auteur se sent connecté quand il est dans son jardin ?

10. Pourquoi chaque jour dans le jardin de l'auteur est-il un bon jour ?

Vásárolni megyünk

Szeretek **vásárolni a** bevásárlóközpontban. Mindig olyan jó móka sétálni és nézegetni a különböző üzleteket. A bevásárlóközpontban mindenki számára van valami, és mindig nagyszerű hely, ahol ruhákat, cipőket és kiegészítőket lehet vásárolni. **Általában** úgy kezdem a vásárlást, hogy a pláza **főbejáratán** keresztül sétálok. Onnan először a kedvenc üzleteim felé veszem az irányt. Miután végignéztem ezeket az üzleteket, körbesétálok, és megnézem, hogy más helyeken is vannak-e leárazások. Általában néhány órát eltöltök a bevásárlóközpontban, mire végre bevásárolok. Mindig szeretek időt szakítani a vásárlásra, **mert** biztos akarok lenni benne, hogy **pontosan** azt veszem meg, amit szeretnék. Ráadásul így sokkal szórakoztatóbb is!

Mindig olyan **lenyűgözőnek** találom az emberek megfigyelését, amikor a bevásárlóközpontban vagyok. Tényleg sokat elárul egy emberről az, ahogyan vásárol. Vannak, akik nagyon módszeresek és időt szánnak rá, míg mások úgy tűnik, hogy csak felkapnak **mindent,** amit csak tudnak, és a lehető leggyorsabban a pénztárhoz mennek. Vannak olyan vásárlók is, akiket jobban érdekel a mobiltelefonjukon való beszélgetés vagy az SMS-ezés, mint az áruk megtekintése! Nem számít azonban, milyen vásárló

Faire du shopping

J'adore aller **faire du shopping** au centre commercial. C'est toujours très amusant de se promener et de regarder tous les différents magasins. Il y en a pour tous les goûts au centre commercial et c'est toujours l'endroit idéal pour faire des affaires sur les vêtements, les chaussures et les accessoires. Je commence **généralement** mon shopping en passant par l'**entrée** principale du centre commercial. De là, je me dirige d'abord vers mes magasins préférés. Après avoir fait le tour de ces magasins, je me promène pour voir s'il y a des soldes dans d'autres endroits. Je finis généralement par passer quelques heures dans le centre commercial avant de faire mes achats. J'aime toujours prendre mon temps lorsque je fais du shopping, **car** je veux être sûre d'obtenir **exactement** ce que je veux. En plus, c'est plus amusant comme ça !

Je trouve toujours **fascinant** d'observer les gens quand je suis au centre commercial. On peut vraiment en apprendre beaucoup sur une personne par sa façon de faire ses courses. Certaines personnes sont très méthodiques et prennent leur temps, tandis que d'autres semblent prendre **tout ce qu'**elles peuvent et se diriger vers la caisse aussi vite que possible. Il y a aussi les acheteurs qui semblent plus intéressés

vagy, úgy tűnik, mindenki élvezi a kirakatvásárlást - még akkor is, ha valójában nem veszel semmit. Van valami, ami boldoggá tesz, amikor a **kirakatokban** lévő szép dolgokat nézegetem. Néha arról fantáziálok, milyen lenne, ha **mindent** megengedhetnék magamnak, amit látok! Mindent egybevetve, egy napot a bevásárlóközpontban tölteni vásárlással az egyik kedvenc időtöltésem. Remek módja a kikapcsolódásnak és a lazításnak, miközben egy kis testmozgást is kapok (ha eleget sétálok). Ráadásul **mindig** jól esik időnként megkényeztetni magad egy új pólóval vagy cipővel!

Hosszú napom volt a munkahelyemen, és végre volt egy kis időm magamra, ezért úgy döntöttem, hogy elmegyek vásárolni a bevásárlóközpontba. Szükségem volt néhány új ruhára a **következő** szezonra. Amint beléptem, megláttam a sok fényes fényt és a csillogó kirakatokat. Először a kedvenc üzletem felé vettem az irányt, és elkezdtem böngészni a polcokat. Találtam néhány csinos felsőt, és felpróbáltam őket az öltözőben. Miközben a tükörben néztem magam, hallottam, hogy valaki bejön az öltözőm melletti próbafülkébe. Felismertem a hangját, mint az egyik munkatársamat.

à parler au téléphone portable ou à envoyer des
SMS qu'à regarder la marchandise ! Quel que soit
le type d'acheteur, tout le monde semble apprécier
le lèche-vitrine, même si vous n'achetez rien. Il y a
quelque chose qui me rend heureuse dans le fait de
regarder toutes ces jolies choses dans les **vitrines
des magasins**. Parfois, je m'imagine comment ce
serait si je pouvais m'offrir **tout ce que** je vois ! En fin
de compte, passer une journée à faire du shopping
au centre commercial est l'un de mes passe-temps
favoris. C'est un excellent moyen de se détendre et
de se relaxer tout en faisant un peu d'exercice (si
vous marchez suffisamment). Et puis, c'est **toujours**
agréable de s'offrir une nouvelle chemise ou une
nouvelle paire de chaussures de temps en temps !

J'ai eu une **longue** journée de travail et j'ai enfin eu
du temps pour moi, alors j'ai décidé d'aller faire du
shopping au centre commercial. J'avais besoin de
nouveaux vêtements pour la saison **à venir**. Dès que
je suis entrée, j'ai vu toutes les lumières vives et les
façades brillantes des magasins. Je me suis dirigée
vers mon magasin préféré en premier et j'ai commencé
à parcourir les rayons. J'ai trouvé quelques jolis hauts
et les ai essayés dans la cabine d'essayage. Alors que
je me regardais dans le miroir, j'ai entendu quelqu'un
entrer dans la cabine d'**essayage** à côté de la mienne.
J'ai reconnu sa voix comme étant celle d'un de mes
collègues de travail.

Értelmezési kérdések

1. Hol szeretsz a legjobban tárolni?

2. Melyik a kedvenc boltja a bevásárlóközpontban?

3. Mennyi ideig szokott a bevásárlóközpontban maradni?

4. Mit gondolsz azokról az emberekről, akik sok időt töltenek a bevásárlóközpontban?

5. Mi a kedvenc dolgod a plázában?

6. Vettél már valamit a bevásárlóközpontban, amikor valójában nem volt rá szükséged?

7. Hogyan reagálsz, ha látsz valamit a bevásárlóközpontban, amit nagyon szeretnél, de túl drága?

8. Láttál már valamit a bevásárlóközpontban, és elgondolkodtál azon, hogy ki venné meg?

9. Mi a véleménye azokról az emberekről, akik a plázában a mobiltelefonjukkal vannak elfoglalva ahelyett, hogy az üzleteket nézegetnék?

Questions de compréhension

1. Où aimez-vous le plus stocker ?

2. Quel est votre magasin préféré dans le centre commercial ?

3. Combien de temps restez-vous habituellement au centre commercial ?

4. Que pensez-vous des personnes qui passent beaucoup de temps au centre commercial ?

5. Quelle est votre activité préférée au centre commercial ?

6. Avez-vous déjà acheté quelque chose au centre commercial alors que vous n'en aviez pas vraiment besoin ?

7. Comment réagissez-vous lorsque vous voyez au centre commercial un article que vous aimeriez vraiment, mais qui est trop cher ?

8. Avez-vous déjà vu quelque chose au centre commercial en vous demandant qui l'achèterait ?

9. Que pensez-vous des personnes qui sont occupées avec leur téléphone portable dans les centres commerciaux au lieu de regarder les magasins ?

A piacon

Szombat reggel korán kelek, és alig várom, hogy a **piacra** érjek, mielőtt túl zsúfolt lesz. Felkapok néhány ruhát, és elindulok az ajtó felé, útközben felkapom az újrahasználható táskáimat. Séta közben elkezdem tervezgetni, hogy mit akarok készíteni az előttem álló hétre. Tudom, hogy legalább egyszer zöldségeket akarok **sütni, ezért** jó minőségű zöldségeket kell vennem. Levest vagy pörköltet is szeretnék készíteni, úgyhogy húsra is szükségem lesz. Majd meglátom, hogy mi néz ki jól, amikor odaérek. A piac már csak néhány saroknyira van, és már látom a felállított standokat és az **embereket, akik** ott nyüzsögnek.

Megérkezem a piacra, és egyenesen a zöldséges stand felé veszem az irányt. Gyönyörű a választék, és megtöltöm a táskámat a legkülönfélébb **friss** termékekkel. Egy kicsit elbeszélgetek a gazdával, és ő ajánl nekem néhány receptet. Izgatottan várom, hogy kipróbáljam őket. Vásárlás közben beszélgetek a **gazdákkal**, megismerkedem velük és a termékeikkel. Miután minden szükséges zöldséget beszereztem, továbbmegyek a húsrészlegre. Itt egy kicsit tétovább vagyok, mivel nem vagyok biztos benne, hogy mit akarok venni. Végül a csirke mellett döntök, mert az sokoldalúan felhasználható, és sokféle ételhez felhasználható. Veszek néhány különböző húsdarabot

Au marché

Je me réveille tôt le samedi matin, impatiente de me rendre au **marché** avant qu'il ne soit trop fréquenté. Je m'habille et je sors, en prenant mes sacs réutilisables en chemin. En marchant, je commence à planifier ce que je veux faire pour la semaine à venir. Je sais que je veux faire **rôtir des** légumes au moins une fois, donc je vais devoir acheter des légumes de bonne qualité. Je veux aussi faire une soupe ou un ragoût, et je vais donc devoir acheter de la viande. Je verrai bien ce qui me semble bon quand je serai sur place. Le marché n'est qu'à quelques rues d'ici, et je vois déjà les étals installés et les **gens qui** s'agitent.

J'arrive au marché et me dirige directement vers le stand des légumes. La sélection est magnifique, et je remplis mes sacs d'une variété de produits **frais**. Je discute un peu avec le fermier et il me recommande quelques recettes. J'ai hâte de les essayer. Je discute avec les **agriculteurs** pendant que je fais mes courses, pour apprendre à les connaître et à connaître leurs produits. Après avoir acheté tous les légumes dont j'ai besoin, je passe à la section des viandes. Je suis un peu plus hésitante, car je ne suis pas sûre de ce que je veux acheter. J'opte finalement pour du poulet, car il est polyvalent et peut être utilisé dans de nombreux plats. J'achète également quelques morceaux de

is, ügyelve arra, hogy füvesített marhahúst és szabadon tartott **csirkét** vegyek. A hentes barátságos ember volt, mindig vidám, a hosszú munkaidő ellenére is. Becsomagolta a csirkemellet és a steaket, mielőtt elbeszélgetett velem a hétvégi terveiről. Elköszöntem tőle, és folytattam az utamat. Vettem még néhány tojást és sajtot is a tejtermékrészlegből.

A piacon nyüzsgött az emberektől, akik mindannyian alig várták, hogy **hozzájussanak a** friss termékekhez és húsokhoz, amelyeket kínáltak. A levegőben sűrű fokhagyma- és hagymaszag terjengett, és nevetés és beszélgetés hangja töltötte be a levegőt. Utat törtem magamnak a tömegben, hogy kiválogassam a heti bevásárláshoz szükséges többi árucikket. Megtöltöttem a **kosaram** gyümölcsökkel és zöldségekkel, tésztákkal és kenyérrel, mielőtt a pénztár felé indultam. A sor hosszú volt, de gyorsan haladt. Végül az utolsó **élelmiszereket is** megvettem, és ideje volt hazamenni. A kocsiba bepakoltam, és a hazafelé vezető út hosszú és fárasztó volt. A forgalom nagy volt, a hőség pedig nyomasztó. Végül a kocsi behajtott a kocsibeállóba, és a megkönnyebbülés kézzelfogható volt. A ház hűvös és csendes volt, és menedéket jelentett a piaci **nyüzsgés** után. Mindent elpakoltak, és a házban hamarosan visszatért a megszokott nyugalom és csend. Mindenem megvolt, amire szükségem volt ahhoz, hogy **finom** ételeket készítsek magamnak és a családomnak. Jó volt otthon lenni.

viande différents, en veillant à prendre du bœuf nourri à l'herbe et du **poulet** élevé en plein air. Le boucher est un homme sympathique, toujours de bonne humeur malgré ses longues heures de travail. Il a emballé mes blancs de poulet et mon steak avant de me parler de ses projets pour le week-end. Je lui ai dit au revoir et j'ai continué mon chemin. J'ai également acheté des œufs et du fromage au rayon produits laitiers.

Le marché grouille de gens, tous impatients de mettre la **main sur les** produits frais et la viande proposés. L'odeur de l'ail et des oignons flottait dans l'air, et le son des rires et des conversations était omniprésent. Je me suis frayé un chemin dans la foule, en choisissant les autres articles dont j'avais besoin pour mes courses de la semaine. J'ai rempli mon **panier** de fruits et légumes, de pâtes et de pain, avant de me diriger vers la caisse. La file d'attente est longue, mais elle avance rapidement. Enfin, j'ai acheté les dernières **provisions et il est** temps de rentrer à la maison. La voiture est chargée, et le chemin du retour est long et fastidieux. La circulation est dense et la chaleur est accablante. Enfin, la voiture se gare dans l'allée et le soulagement est palpable. La maison était fraîche et calme, et c'était un havre de paix après l'**agitation** du marché. Tout a été rangé, et la maison a rapidement retrouvé sa tranquillité habituelle. J'avais tout ce dont j'avais besoin pour préparer de **délicieux** repas pour moi et pour ma famille. C'était bon d'être chez soi.

Értelmezési kérdések

1. Hová megy a személy?

2. Mit szeretne vásárolni az illető?

3. Hány táskája van az illetőnek?

4. Milyen messze van a piac?

5. Mit csinál most az illető?

6. Mi minden van a piacon?

7. Hányan vannak a piacon?

8. Mennyi időbe telt, amíg az illető mindent megvásárolt?

9. Hogyan ment haza a személy?

10. Mit csinált az illető, amikor hazaért?

Questions de compréhension

1. Où va la personne ?

2. Que veut acheter la personne ?

3. Combien de sacs la personne possède-t-elle ?

4. A quelle distance se trouve le marché ?

5. Que fait la personne en ce moment ?

6. Que se passe-t-il sur le marché ?

7. Combien y a-t-il de personnes sur le marché ?

8. Combien de temps a-t-il fallu à la personne pour tout acheter ?

9. Comment la personne est-elle rentrée chez elle ?

10. Qu'a fait la personne en rentrant chez elle ?

Egy kávézóban

Hűvös **őszi** reggel volt, és úgy beszéltem meg,
hogy találkozom a barátnőmmel, Lilivel a kedvenc
kávézónkban egy kávéra. Melegen bebugyoláltam
magam a kabátomba és a sálamba, és elindultam. A
levelek lehullottak a fákról, és a levegő csípős volt, de
a nap sütött, és gyönyörű napnak ígérkezett. Ahogy
sétáltam, arra **gondoltam,** milyen jó, hogy van egy
olyan barátom, mint Lily. Évek óta barátok voltunk,
mióta az **egyetemen** találkoztunk. Összekötött
bennünket a kávé iránti szeretetünk és a kávézókban
való beszélgetés. Bár most a város különböző
részein éltünk, még mindig sikerült hetente egyszer
találkoznunk egy kávéra. Megérkeztem a kávézóba, és
Lily már ott várt rám. Megöleltük egymást üdvözölve,
majd megrendeltük a kávénkat. Találtunk egy asztalt
az ablak mellett, és letelepedtünk beszélgetni. A
kávé finom volt, mint mindig, és olyan jó volt Lilyvel
beszélgetni. Beszélgettünk a hetünkről, a munkánkról
és a jövőbeli terveinkről. Lilivel mindig olyan könnyű volt
beszélgetni, és úgy éreztem, bármit elmondhatok neki.
Egy idő után kezdtünk megéhezni, és **úgy döntöttünk,**
hogy rendelünk valami kaját.

Megrendeltük az ételt, és helyet foglaltunk az ablaknál.
Az ablakon keresztül besütött a nap, amitől minden

Dans un café

C'était un matin d'**automne** frisquet, et j'avais
donné rendez-vous à mon amie Lily dans notre café
préféré pour prendre un café. Je me suis enveloppée
chaudement dans mon manteau et mon écharpe et
je suis partie. Les feuilles tombaient des arbres et
l'air était glacial, mais le soleil brillait et la journée
promettait d'être magnifique. Tout en marchant, j'ai
pensé à quel point c'était bien d'avoir une amie comme
Lily. Nous étions amies depuis des années, depuis
notre rencontre à l'**université**. Nous nous sommes
liées par notre amour du café et du temps passé à
discuter dans les cafés. Même si nous vivions dans des
quartiers différents de la ville, nous nous retrouvions
pour prendre un café une fois par semaine. Je suis
arrivé au café, et Lily était déjà là, à m'attendre. Nous
nous sommes embrassées et avons commandé nos
cafés. Nous avons trouvé une table près de la fenêtre
et nous nous sommes installées pour discuter. Le **café**
était délicieux, comme toujours, et c'était si agréable
de rattraper le temps perdu avec Lily. Nous avons parlé
de notre semaine, de nos emplois et de nos projets
pour l'avenir. C'était toujours si facile de parler à Lily, et
j'avais l'impression que je pouvais tout lui dire. Après un
moment, nous avons commencé à avoir faim et **avons
décidé** de commander de la nourriture.

melegnek és boldognak tűnt. Beszélgettünk, miközben ettük az ételt, és élveztük egymás **társaságának** egyszerű örömét. A kávézó forgalmas volt, de nem éreztük zsúfoltnak. A béke és az elégedettség érzése volt a levegőben. Ahogy befejeztük az ételt, még egy darabig ültünk, és élveztük a békés **légkört**. Egy darabig beszélgettünk különböző dolgokról, amelyek az életünkben történtek. Olyan jó volt beszélgetni a barátommal, és csak **lazítani**. A nap besütött az ablakon, és úgy éreztük, **semmi sem** ronthatja el a tökéletes napunkat.

Hirtelen hangos csattanást hallottam. Megfordultam, és láttam, hogy egy férfi átesett a mennyezeten, és előttünk fekszik a földön. Por és törmelék **borította**, és úgy tűnt, hogy eszméletlen. A barátom és én is sokkot kaptunk, ahogy a földön fekvő férfit bámultuk. Nem tudtuk, mit tegyünk, vagy kit hívjunk segítségül. Csak ültünk ott és bámultuk, nem tudtuk, mit tegyünk. Néhány perc múlva magamhoz tértem, és hívtam a 911-et. A központos azt mondta, hogy hamarosan érkezik valaki. Letettem a telefont, és elmondtam a barátomnak, amit a **központos** mondott.

Nous avons **commandé notre** nourriture et trouvé un siège près de la fenêtre. Le soleil brillait à travers la fenêtre, rendant le tout chaleureux et joyeux. Nous avons bavardé en mangeant, appréciant le simple plaisir d'être en **compagnie de l'autre**. Le café était occupé, mais il n'y avait pas de foule. Il y avait un sentiment de paix et de satisfaction dans l'air. Après avoir terminé notre repas, nous sommes restés assis un moment de plus, profitant de l'**atmosphère** paisible. Nous avons parlé pendant un moment de différentes choses qui avaient eu lieu dans nos vies. C'était si agréable de rattraper le temps perdu avec mon ami et de **se détendre**. Le soleil brillait à travers la fenêtre, et c'était comme si **rien ne** pouvait gâcher notre journée parfaite.

Soudain, j'ai entendu un grand fracas. Je me suis retourné pour voir qu'un homme avait traversé le plafond et gisait sur le sol devant nous. Il était **couvert** de poussière et de débris et semblait être inconscient. Mon ami et moi étions tous deux sous le choc en regardant l'homme allongé sur le sol. Nous ne savions pas quoi faire ni qui appeler à l'aide. Nous sommes restés assis là, à le regarder, sans savoir quoi faire. Après quelques minutes, je me suis ressaisie et j'ai appelé le 911. L'opérateur m'a dit que quelqu'un arriverait bientôt. J'ai raccroché le téléphone et j'ai raconté à mon ami ce que l'**opérateur avait** dit.

Értelmezési kérdések

1. Honnan jön a tetőn áteső ember?

2. Miért van a nő a barátnőjével a kávézóban?

3. Mi a két barát kedvenc kávézója?

4. Mióta ismeri egymást a két barát?

5. Mi a két barát kedvenc itala?

6. Melyik városban él a két barát?

7. Milyen gyakran találkozik a két barát?

8. Miről beszélget a két barát, amikor először találkoznak a kedvenc kávézójukban?

9. Mi a két barát kedvenc étele?

10. Miért olyan könnyű beszélni Lilivel?

Questions de compréhension

1. D'où vient l'homme qui tombe à travers le toit ?

2. Pourquoi la femme est-elle avec son ami dans le café ?

3. Quel est le café préféré des deux amis ?

4. Depuis combien de temps les deux amis se connaissent-ils ?

5. Quelle est la boisson préférée des deux amis ?

6. Dans quelle ville vivent les deux amis ?

7. Combien de fois les deux amis se rencontrent-ils ?

8. De quoi parlent les deux amis lorsqu'ils se rencontrent pour la première fois dans leur café préféré ?

9. Quel est le plat préféré des deux amis ?

10. Pourquoi c'est si facile de parler à Lily ?

Úszás

A medence mindig **üdítő volt, és ez** ma sem volt másképp. A nap sütött, a víz pedig hívogatónak tűnt. Vettem egy mély lélegzetet, és belevetettem magam, éreztem a víz hűs ölelését. Egy darabig úsztam a köröket, élveztem a testmozgást és a lehetőséget, hogy kiszellőztethetem a fejem. Egy idő után kiszálltam és megszárítkoztam, majd leültem egy törölközőre, hogy pihenjek a napon. Behunytam a szemem, és hagytam, hogy a **meleg** átjárjon, éreztem, hogy az izmaim kezdenek ellazulni. Hirtelen csobbanást hallottam, és kinyitottam a szemem, hogy lássam a kishúgomat, **amint a** sekély vízben **evickél.** Mosolyogva néztem őt egy darabig, majd felálltam és odamentem hozzá. Egy darabig beszélgettünk, és együtt eveztünk, élvezve egymás társaságát. Hamarosan csatlakoztak hozzánk a szüleink, és a délután hátralévő részét együtt töltöttük úszással és játékkal. Mindig olyan jó volt a családdal együtt tölteni az időt a medencében. Van **valami** a vízben, ami összehozza az embereket. Talán azért, mert a vízben mindannyian egyenlőek vagyunk - nem tudjuk elrejteni a hibáinkat, vagy úgy tenni, mintha nem lennénk azok, akik vagyunk. Vagy talán csak azért, mert jó móka! **Bármi legyen is** az ok, én csak örültem, hogy mindannyian összejöhettünk és élvezhettük egymás társaságát egy ilyen különleges helyen.

Aller nager

La piscine était toujours un endroit **rafraîchissant**, et aujourd'hui n'était pas différent. Le soleil brillait et l'eau semblait invitante. J'ai pris une profonde inspiration et j'ai plongé, sentant l'étreinte fraîche de l'eau. J'ai fait des longueurs pendant un moment, appréciant l'exercice et la possibilité de me vider la tête. Au bout d'un moment, je suis sorti et me suis séché, puis je me suis assis sur une serviette pour me détendre au soleil. J'ai fermé les yeux et laissé la **chaleur** m'envahir, sentant mes muscles se détendre. Soudain, j'ai entendu une éclaboussure et j'ai ouvert les yeux pour voir ma petite sœur **pagayer dans la** partie peu profonde. J'ai souri et je l'ai regardée pendant un moment, puis je me suis levée et je suis allée vers elle. Nous avons bavardé un peu et pataugé ensemble, appréciant la compagnie de l'autre. Nos parents nous ont bientôt rejoints et nous avons passé le reste de l'après-midi à nager et à jouer ensemble. C'était toujours très agréable de passer du temps avec la famille à la piscine. Il y a **quelque chose** dans le fait d'être dans l'eau qui semble rassembler les gens. Peut-être est-ce parce que nous sommes tous égaux lorsque nous sommes dans l'eau - nous ne pouvons pas cacher nos défauts ou prétendre être ce que nous ne sommes pas. Ou peut-être est-ce simplement parce que c'est amusant ! **Quelle que**

A nap a bőrömre sütött, és a levegőben klórszag terjengett. Hallottam a gyerekek nevetését és csobbanását a medencében. A medence melletti nyugágyon feküdtem, magamba szívtam a napot és **élveztem** a napot. Behunytam a szemem, és már éppen elaludtam volna, amikor meghallottam, hogy valaki odajön hozzám. Kinyitottam a szemem, és láttam, hogy egy nő áll mellettem. Bikini volt rajta, és egy törölközőt tekert a dereka köré. Hosszú szőke haja és kék szeme volt. Egy üveg **naptejet** tartott a kezében. "Nem bánod, ha bekenem a hátadat naptejjel?" - kérdezte. "Nem, nem gond" - mondtam, és felültem, hogy elérje a hátamat. Éreztem a kezét a bőrömön, ahogy felkeni a naptejet.

soit la raison, j'étais simplement heureuse que nous puissions tous nous réunir et profiter de la compagnie des autres dans un endroit aussi spécial.

Le soleil tapait sur ma peau et l'odeur du chlore flottait dans l'air. J'entendais le bruit des enfants qui riaient et barbotaient dans la piscine. J'étais allongée sur une chaise **longue près de la** piscine, profitant du soleil et **de la** journée. J'avais les yeux fermés et j'étais sur le point de m'endormir lorsque j'ai entendu quelqu'un s'approcher de moi. J'ai ouvert les yeux et j'ai vu une femme debout à côté de moi. Elle portait un bikini et avait une serviette enroulée autour de sa taille. Elle avait de longs cheveux blonds et des yeux bleus. Elle tenait une bouteille de **crème solaire** dans sa main. "Ça te dérange si je mets de la crème solaire sur ton dos ?" a-t-elle demandé. "Non, ça va", ai-je répondu, en me redressant pour qu'elle puisse atteindre mon dos. J'ai senti ses mains sur ma peau alors qu'elle appliquait la crème solaire.

Értelmezési kérdések

1. Hol volt az elbeszélő, amikor elkezdi a történetet?

2. Mit érez az elbeszélő, amikor kinyitja a szemét?

3. Mit hall az elbeszélő, amikor kinyitja a szemét?

4. Kinek ad a nő naptejet az elbeszélőnek?

5. Miről álmodik az elbeszélő?

6. Miért olyan különleges az elbeszélő számára a tengerben való úszás?

7.Milyen érzés a víz, amelyben az elbeszélő úszik?

8. Mit lát az elbeszélő, amikor kijön a vízből?

9. Mit csinál a nő, miután bekénte a naptejjel az elbeszélőt?

Questions de compréhension

1. Où se trouvait le narrateur lorsqu'il a commencé l'histoire ?

2. Que sent le narrateur lorsqu'il ouvre les yeux ?

3. Qu'entend le narrateur lorsqu'il ouvre les yeux ?

4. A qui la femme donne-t-elle de la crème solaire au narrateur ?

5. De quoi le narrateur rêve-t-il ?

6. Pourquoi la baignade dans la mer est-elle si spéciale pour le narrateur ?

7. quelle est la sensation de l'eau dans laquelle nage le narrateur ?

8. Que voit le narrateur quand il sort de l'eau ?

9. Que fait la femme après avoir mis la crème solaire sur le narrateur ?

A fűnyírás

Délelőtt 10 óra van egy nyári **szombaton,** és a nap már kegyetlenül süt. Kibattyogsz a garázsba a fűnyíróért, és úgy érzed, mintha kényszermunkára **ítéltek volna.** Elkezded nyírni a füvet, ügyelve arra, hogy szép lassan menj, nehogy kihagyj egy foltot is. Miközben nyírsz, arra gondolsz, milyen jó érzés kint lenni a friss levegőn. Ahogy elkezded ide-oda tologatni a fűnyírót a gyepen, a **szemed** sarkából meglátod a szomszédodat. Integetsz és köszönsz neki, ő pedig visszainteget.

Néhány perc múlva végeztél, és átmész a szomszédodhoz, hogy megigyál vele egy sört az előkertben. **Tökéletes** nap van - nem túl meleg, enyhe szellő fúj. Ott ülsz a fa árnyékában, kortyolgatod a söröcét, és beszélgetsz a szomszédoddal. Az ilyen napok miatt értékeli az ember a nyarat. Aztán bemegy a házba egy jól megérdemelt sörre. Lehuppansz egy székre a verandán, és elégedetten sóhajtva felbontod a doboz sört. A fűnyíró hangja háttérbe szorul, miközben az árnyékban pihensz, és élvezed a pillanat **békéjét.** A sör íze különösen jó a hőségben végzett kemény munka után. Éppen be akartam menni, amikor zajt hallottam a szomszédból.

Úgy hangzott, mintha valaki sírna. Abbahagytam

Tonte de la pelouse

Il est 10 heures du matin, un **samedi d'**été, et le soleil tape déjà sans pitié. Vous vous frayez un chemin jusqu'au garage pour aller chercher la tondeuse à gazon, avec l'impression d'être **condamné** aux travaux forcés. Vous commencez à tondre la pelouse, en veillant à aller doucement pour ne pas manquer d'endroits. Pendant que vous tondez, vous pensez à tout le bien que cela fait d'être dehors à l'air frais. Alors que vous commencez à pousser la tondeuse d'avant en arrière sur la pelouse, vous apercevez votre voisin du coin de l'**œil**. Vous lui faites signe et lui dites bonjour, et il vous répond.

Après quelques minutes, vous avez terminé, et vous vous rendez chez votre voisin pour prendre une bière avec lui dans le jardin de devant. C'est une journée **parfaite**, il ne fait pas trop chaud et une légère brise souffle. Vous êtes assis à l'ombre de l'arbre, sirotant votre bière et discutant avec votre voisin. Ce sont des jours comme celui-ci qui vous font apprécier l'été. Puis vous rentrez à l'intérieur pour prendre une bière bien méritée. Vous vous installez sur une chaise sous le porche et ouvrez la canette, en poussant un soupir de satisfaction. Le bruit de la tondeuse s'estompe et vous vous détendez à l'ombre, profitant de la **tranquillité**

a kaszálást, és odamentem a kerítéshez, amely elválasztotta az udvarainkat. Átnéztem, és láttam, hogy a szomszédom, Mrs. Johnson sír a verandahintán. Kiáltottam neki, de nem hallotta. Átmásztam a kerítésen, és odamentem hozzá. "Mrs. Johnson, jól van?" Kérdeztem. Könnyes szemmel nézett rám, és megrázta a fejét. "Nem, nem vagyok jól" - mondta. "A macskám tegnap meghalt." Megdöbbentem. Nem tudtam, mit mondjak. Csak álltam ott kínosan, nem tudtam, mit tegyek. Végül a **vállára** tettem a kezem, és azt mondtam: "Nagyon sajnálom, Mrs. Johnson. Ha bármiben segíthetek, kérem, szóljon. " Megrázta a fejét, és azt mondta: "Nem, senki **sem** tehet **semmit**". Aztán felállt és bement a házába. Egy pillanatig csak álltam ott, nem tudtam, mit tegyek. Aztán visszamentem füvet nyírni. Ahogy befejeztem, nem tudtam nem gondolni Mrs. Johnsonra és a macskájára.

du moment. La bière a un goût extra bon après tout ce dur travail dans la chaleur. J'étais sur le point de rentrer quand j'ai entendu un bruit à côté.

On aurait dit que quelqu'un pleurait. J'ai arrêté de tondre et j'ai marché jusqu'à la clôture qui séparait nos jardins. J'ai jeté un coup d'œil par-dessus et j'ai vu ma voisine, Mme Johnson, pleurer sur sa balançoire sous le porche. Je l'ai appelée, mais elle ne m'a pas entendue. J'ai escaladé la clôture et j'ai marché jusqu'à elle. "Mme Johnson, vous allez bien ?" J'ai demandé. Elle a levé les yeux vers moi, les larmes aux yeux, et a secoué la tête. "Non, je ne vais pas bien", a-t-elle dit. "Mon chat est mort hier." J'étais choquée. Je n'ai pas su quoi dire. Je suis restée là, maladroitement, sans savoir quoi faire. Finalement, j'ai posé ma main sur son **épaule** et j'ai dit : "Je suis vraiment désolée, Mme Johnson. Si je peux faire quelque chose pour vous aider, faites-le moi savoir". "Elle a secoué la tête et a dit : "Non, il **n'y a rien que** personne ne puisse faire". Puis elle s'est levée et est entrée dans sa maison. Je suis resté là un moment, ne sachant pas quoi faire. Puis je suis retourné tondre ma pelouse. En terminant, je n'ai pu m'empêcher de penser à Mme Johnson et à son chat.

Értelmezési kérdések

1. Mennyi az idő?

2. Hol kaszál az illető?

3. Hogyan érzi magát a személy?

4. Miért kell lassan nyírni?

5. Milyen időjárás van?

6. Mit csinál a személy a fűnyírás után?

7. Mit hall az illető, mielőtt hazamegy?

8. Ki van Mrs. Johnsonnal?

9. Miért sír Mrs. Johnson?

10. Mit mond az illető Johnson asszonynak?

Questions de compréhension

1. Quelle heure est-il ?

2. Où se trouve la personne qui tond ?

3. Comment la personne se sent-elle ?

4. Pourquoi la personne doit-elle tondre lentement ?

5. Quel est le temps qu'il fait ?

6. Que fait la personne après avoir fauché ?

7. Qu'entend la personne avant de rentrer chez elle ?

8. Qui est avec Mme Johnson ?

9. Pourquoi Mme Johnson pleure-t-elle ?

10. Que dit la personne à Mme Johnson ?

Hajvágás

Már hetek óta el akartam menni fodrászhoz, de valahogy mindig sikerült elhalasztanom. De **karácsony közeledtével** tudtam, hogy nem halogathatom tovább. Nem akartam, hogy a családom karácsonyi vacsoráján úgy jelenjek meg, mint egy kócos rendetlenség. Így karácsony reggelén korán reggel elindultam a szalonba. Bár korán volt, a szalon már tele volt másokkal, **akik az** ünnepre készülő hajukat csináltatták. Elfoglaltam a helyem a sorban, és vártam a soromra. Végül én kerültem sorra a székben. A fodrász, egy Jill nevű barátságos nő megkérdezte, mit szeretnék. "Csak egy vágást, semmi drasztikusat" - válaszoltam. Jill nekilátott a munkának, és vágta a hajamat. Miközben dolgozott, elkezdtem ellazulni. Jó érzés volt végre gondoskodni magamról. Mostanában annyira elfoglalt voltam, annyira rohangáltam, hogy mindenki másról gondoskodtam, hogy a saját igényeim háttérbe szorultak. De **most már** nem. Mostantól kezdve időt szántam magamra.

Amikor Jill végzett, belenéztem a tükörbe, és elégedett voltam azzal, amit láttam. A hajam rendezettnek és fényesnek tűnt - tökéletes volt az ünnepi összejövetelekre. **Megköszöntem** Jillnek, és feljegyeztem, hogy gyakrabban jövök vissza. Mostantól

Se faire couper les cheveux

Cela faisait des semaines que je voulais me faire couper les cheveux, mais j'arrivais toujours à remettre ça à plus tard. Mais à l'approche de **Noël, je** savais que je ne pouvais plus attendre. Je ne voulais pas me présenter au dîner de Noël de ma famille avec une coiffure débraillée. Alors, tôt le matin de Noël, je me suis rendue au salon. Même s'il était tôt, le salon était déjà occupé par d'autres personnes qui **se faisaient** coiffer pour les fêtes. J'ai pris ma place dans la file d'attente et j'ai attendu mon tour. Enfin, c'était mon tour sur la chaise. La styliste, une femme sympathique nommée Jill, m'a demandé ce que je voulais. "Juste une coupe, rien de trop radical", ai-je répondu. Jill s'est mise au travail, coupant mes cheveux. Pendant qu'elle travaillait, j'ai commencé à me détendre. C'était bon de prendre enfin soin de moi. J'avais été tellement occupé ces derniers temps, à courir partout pour m'occuper de tout le monde, que j'avais laissé mes propres besoins de côté. Mais plus **maintenant**. A partir de maintenant, j'allais prendre du temps pour moi.

Lorsque Jill a terminé, je me suis regardée dans le miroir et j'étais ravie de ce que je voyais. Mes cheveux étaient soignés et polis, parfaits pour les fêtes de fin d'année. J'ai **remercié** Jill et j'ai noté **mentalement** de

elsősorban magammal fogok törődni. Munkához
látott, és a hajamat vágta. Arra gondoltam, mennyire
hálás vagyok, hogy végre eljutottam a hajvágáshoz.
Jó érzés volt tudni, hogy a karácsonyi **vacsorára**
szalonképes leszek. Többé nem kellett aggódnom
amiatt, hogy a családom ugrat a "kócos" külsőm miatt.
Néhány perc múlva a fodrász befejezte a hajvágást,
és gyorsan megszárította a hajam. Belenéztem a
tükörbe, és elégedett voltam azzal, amit láttam - egy
tiszta, ápolt frizura, amely tökéletes lesz a karácsonyi
vacsorához. Most, hogy a hajvágáson túl voltam,
arra koncentrálhattam, hogy élvezzem az ünnepet a
családommal. És ezért még hálásabb voltam.

Olyan **felszabadító** érzés volt, és imádtam, ahogy
az új frizurám kinézett. Miután kifizettem a hajvágást,
hazamentem, és elkezdtem csomagolni az utazásomra.
Alig vártam, hogy megmutathassam az új külsőmet
a családomnak és a barátaimnak. Tudtam, hogy meg
fognak lepődni, amikor meglátnak. A repülés napján
bőséges idővel érkeztem meg a repülőtérre. Minden
gond nélkül átmentem a biztonsági ellenőrzésen, és
hamarosan már úton is voltam. Amint megérkeztem a
célállomásomra, éreztem a levegőben az izgalmat. A
karácsony határozottan a levegőben volt! A családom
ott fogadott a repülőtéren, és mindannyian csodálkoztak
az új frizurámon.

revenir plus souvent. À partir de maintenant, je prendrai soin de moi d'abord et avant tout. Elle s'est mise au travail en coupant mes cheveux. J'ai pensé à combien j'étais reconnaissante d'avoir enfin pris le temps de me faire couper les cheveux. Je me sentais bien de savoir que j'allais être présentable pour le **repas de** Noël. Je n'aurais plus à m'inquiéter des taquineries de ma famille sur mon apparence "débraillée". Après quelques minutes, le coiffeur a fini de me couper les cheveux et m'a fait un rapide brushing. Je me suis regardé dans le miroir et j'étais heureux de ce que je voyais - un look propre qui serait parfait pour le dîner de Noël. Maintenant que ma coupe de cheveux était terminée, je pouvais me concentrer sur les vacances avec ma famille. Et j'en étais encore plus reconnaissante.

Je me suis sentie tellement **libérée** et j'ai adoré le look de ma nouvelle coupe de cheveux. Après avoir payé ma coupe, je suis rentrée chez moi et j'ai commencé à faire mes bagages pour mon voyage. J'**avais hâte** de montrer mon nouveau look à ma famille et à mes amis. Je savais qu'ils seraient surpris en me voyant. Le jour de mon vol, je suis arrivée à l'aéroport avec beaucoup de temps devant moi. J'ai passé le contrôle de sécurité sans problème et j'ai rapidement pris la route. Dès que je suis arrivé à destination, j'ai senti l'excitation dans l'air. Il y avait vraiment de l'air pour Noël ! Ma famille était là pour m'accueillir à l'aéroport, et ils étaient tous étonnés de ma nouvelle coupe de cheveux.

Értelmezési kérdések

1. Mit kellett a főhősnek karácsony előtt megtennie?

2. Hogyan érezte magát a főhősnő a saját magáról való gondoskodással kapcsolatban?

3. Ki nyírta meg a főszereplő haját?

4. Miért akarta a főhősnő családja piszkálni őt?

5. Hogyan érezte magát a főhősnő, miután levágták a haját?

6. Mit csinált a főhősnő, miután levágatta a haját?

7. Hogyan reagált a főhősnő családja a hajvágásra?

8. Mit csinált a főhős karácsony este?

9. Mitől lett különlegesebb a főszereplő élménye?

10. Mi történne, ha a főhős nem vágatná le a haját?

Questions de compréhension

1. Que devait faire le protagoniste avant Noël ?

2. Que pense la protagoniste du fait de prendre soin d'elle ?

3. Qui a taillé les cheveux du protagoniste ?

4. Pourquoi la famille de la protagoniste allait-elle se moquer d'elle ?

5. Qu'a ressenti la protagoniste après s'être fait couper les cheveux ?

6. Qu'a fait la protagoniste après s'être fait couper les cheveux ?

7. Quelle a été la réaction de la famille de la protagoniste à sa coupe de cheveux ?

8. Qu'a fait le protagoniste la veille de Noël ?

9. Qu'est-ce qui a rendu l'expérience du protagoniste plus spéciale ?

10. Que se passerait-il si le protagoniste ne se faisait pas couper les cheveux ?

A park

A nap már lement, és a park üres volt. Leültem a padra, és vártam a **barátomat**. Már egy órája úgy volt, hogy itt találkozunk, de ő mindig késett. Amikor már éppen feladtam volna, és hazamentem volna, láttam, hogy felém szalad.

"Annyira sajnálom - lihegte, amikor a padhoz ért. "A vonatom **késett.**"

"Semmi baj - mondtam **megbocsátóan**. "Én is csak most értem ide."

Leültünk, és egy darabig beszélgettünk, és elbeszélgettünk egymás életéről azóta, hogy utoljára találkoztunk. A beszélgetés **könnyen** folyt, és úgy éreztük, mintha nem is telt volna el idő azóta, hogy utoljára láttuk egymást. Ahogy a nap lement, elbúcsúztunk egymástól, és külön utakon folytattuk utunkat. Legközelebb egy másik parkban találkoztunk. Ismét késett, de nem bántam. Jó volt valakivel beszélgetni, aki **megértett** engem. Beszélgettünk az álmainkról és a **törekvéseinkről**, arról, hogy mit szeretnénk kezdeni az életünkkel. Elmesélte, hogy tervezi, hogy beutazza a világot, én pedig megosztottam az álmomat, hogy író leszek. Ahogy a nap lement egy újabb napon, még egyszer elbúcsúztunk, és megígértük, hogy ezúttal is tartjuk a kapcsolatot.

Le parc

Le soleil se couchait, et le parc était vide. Je me suis assise sur un banc, attendant mon **amie**. Nous avions prévu de nous retrouver ici il y a une heure, mais elle était toujours en retard. Au moment où j'allais abandonner et rentrer chez moi, je l'ai vue courir vers moi. "Je suis vraiment désolée", a-t-elle haleté en atteignant le banc. "Mon train a été **retardé**." "C'est bon", ai-je dit **avec indulgence**. "Je viens juste d'arriver." Nous nous sommes assis et avons bavardé pendant un certain temps, prenant des nouvelles de la vie de chacun depuis notre dernière rencontre. La conversation était fluide **et nous avions** l'impression que le temps n'avait pas passé depuis notre dernière rencontre. Au coucher du soleil, nous nous sommes dit au revoir et avons pris des chemins différents. La fois suivante, c'était dans un autre parc. Encore une fois, elle était en retard, mais ça ne m'a pas dérangé. C'était agréable d'avoir quelqu'un à qui parler et qui me **comprenait**. Nous avons parlé de nos rêves et de nos **aspirations**, des choses que nous voulions faire de nos vies. Elle m'a parlé de son projet de voyager dans le monde entier, et j'ai partagé mon rêve de devenir écrivain. Alors que le soleil se couchait sur un autre jour, nous nous sommes dit au revoir une fois de plus, en promettant de rester en contact cette fois-ci.

Teltek az évek, és a **barátságunk** erős maradt, annak ellenére, hogy az ország különböző részein éltünk. Levelek és alkalmi telefonhívások révén tartottuk a kapcsolatot, megosztva egymással életünk híreit. Amikor bejelentette, hogy férjhez megy, nem **lepődtem meg** - mindig is **kalandvágyó** típus volt. De amikor megkért, hogy legyek a tanúja az esküvői szertartásán, amely a világ másik felén zajlik, a lakóhelyemtől a világ másik felén... ehhez már kellett némi meggyőzés! Végül azonban nem hagyhattam, hogy a legjobb barátnőm úgy menjen férjhez, hogy én ne legyek mellette, így félelmeim ellenére (és a sok könyörgés után!) **beleegyeztem**, hogy elkísérjem, ami életem **kalandjának bizonyult.**

Végre elérkezett az **esküvő** napja. Ideges voltam, de izgatott, hogy részese lehetek barátom életének egy ilyen fontos pillanatának. A szertartás gyönyörű volt, és ő boldognak tűnt, amikor elmondta a fogadalmát. **Utána** egy nagy bulival ünnepeltünk - úgy tűnt, hogy mindenki, akit ismert, eljött, hogy vele ünnepeljen! **Varázslatos** nap volt, amit soha nem fogok elfelejteni, és a barátságunk csak még erősebb lett ezután a kaland után. Most, évekkel később, még mindig tartjuk a kapcsolatot. Mindketten sokat **változtunk az** első találkozásunk óta, de a barátságunk ugyanolyan erős, mint valaha.

Les années ont passé, et notre **amitié** est restée forte, même si nous vivions désormais dans des régions différentes du pays. Nous sommes restés en contact par des lettres et des appels téléphoniques occasionnels, partageant les nouvelles de nos vies respectives. Lorsqu'elle a annoncé qu'elle allait se marier, je n'ai pas été **surpris** - elle avait toujours été du genre **aventureux**. Mais lorsqu'elle m'a demandé si j'accepterais d'être sa demoiselle d'honneur à la cérémonie de son mariage qui se déroulait à l'autre bout du monde, loin de chez moi... il a fallu la convaincre ! En fin de compte, je ne pouvais pas laisser ma meilleure amie se marier sans moi à ses côtés, alors malgré mes craintes (et après qu'elle m'ait beaucoup suppliée !), j'ai **accepté de participer à** ce qui s'est avéré être l'**aventure** de ma vie.

Le jour du **mariage** est enfin arrivé. J'étais nerveux, mais excité de faire partie d'un moment si important dans la vie de mon amie. La cérémonie était magnifique, et elle avait l'air heureuse en prononçant ses vœux. **Ensuite,** nous avons fait une grande fête - on aurait dit que tous ses proches étaient venus célébrer avec elle ! C'était un jour **magique** que je n'oublierai jamais, et notre amitié n'a fait que se renforcer après cette aventure. Aujourd'hui, des années plus tard, nous restons toujours en contact. Nous avons toutes deux beaucoup **changé** depuis notre première rencontre, mais notre amitié est plus forte que jamais.

Értelmezési kérdések

1. Hol találkozott először a szerző és barátja?

2. Miért késett a szerző barátja a találkozóról?

3. Miről beszélgettek a barátok, amikor évekkel később újra találkoztak?

4. Hogyan érezte magát a szerző, amikor részt vett barátja esküvői szertartásán?

5. Írja le az esküvői szertartás helyszínét.

6. Hogyan változott a két nő barátsága az idők folyamán?

7. Mi a szerző álma?

8. Hová tervez utazni a szerző barátja?

9. Miért vonakodott a szerző, hogy részt vegyen barátja esküvői szertartásán?

Questions de compréhension

1. Où l'auteur et son ami se sont-ils rencontrés pour la première fois ?

2. Pourquoi l'ami de l'auteur était-il en retard à leur réunion ?

3. De quoi les amis ont-ils parlé lorsqu'ils se sont retrouvés des années plus tard ?

4. Qu'a ressenti l'auteur en assistant à la cérémonie de mariage de son amie ?

5. Décrivez le cadre de la cérémonie de mariage.

6. Comment l'amitié entre les deux femmes a-t-elle évolué au fil du temps ?

7. Quel est le rêve de l'auteur ?

8. Où l'ami de l'auteur prévoit-il de voyager ?

9. Pourquoi l'auteur a-t-elle hésité à assister à la cérémonie de mariage de son amie ?